ATLAS de la TIERRA

TÍTULOS DE ESTA COLECCIÓN
Atlas de los Animales
Atlas del Cuerpo Humano
Atlas del Espacio
Atlas de la Prehistoria
Atlas de la Tierra
Atlas de los Pueblos

CONTENIDO

La maquinaria de la Tierra 6
El ciclo del agua 8
Las estaciones 9
Tipos de vegetación 9
El ciclo de la roca 10
¿Sabías que...? 10
Vida en la Tierra 12
Los oceános vivientes 14

América del Norte 16
El Fiordo Eterno 18
El pasado helado de Canadá 19
El Gran Cañón 20
¿Sabías que...? 21
El Chichón 22
Emigración de la ballena gris 23

América del Sur 24
Río Amazonas 26
Ausencia de lluvia en los Andes 26
El Niño 27
¿Sabías que...? 27
Las selvas tropicales 28

Europa 30
Glaciares alpinos 32
La Camargue 32
Le Puy 33
¿Sabías que...? 33
Escenario de piedra caliza 34
Sol de medianoche 35

Asia 36
Los manantiales de Pamakkale 37
Contaminación por la Guerra
    del Golfo 38
¿Sabías que...? 39

Animales en peligro 40
Ballena azul 41
Himalaya 42
¿Sabías que...? 42
Monte Everest 43
La aflicción de China 44
¿Sabías que...? 45

Oceanía 46
Los géiseres de Nueva Zelanda 47
Un gigante rojo 48
El ornitorrinco 48
El boab 49
¿Sabías que...? 49

África 50
Kilimanjaro 51
Terrenos desérticos 52
El rojizo lago Natrón 52
Las Montañas de la Luna 53
Vegetación (zonas) 53
Madagascar 55
Las cataratas Victoria 55
¿Sabías que...? 55

Antártida 56
Icebergs 57
El agujero de ozono 58
¿Sabías que...? 58
Un clima cambiante 59
Efecto invernadero 59

Glosario 60
Índice alfabético 62

LA MAQUINARIA DE LA TIERRA

NO se conoce cómo se originó la Tierra, pero los científicos han podido explicar algunas de las primeras etapas de su formación. Hace unos 4500 millones de años, el planeta Tierra se tornó más y más caliente, alimentado por cambios químicos en su interior rocoso. El centro de la Tierra se fundió por estas reacciones químicas generadoras de calor, pero la superficie permaneció más fría. Esta diferencia de calor provocó corrientes de convección que se transformaron en un manto fundido, permitiendo que los materiales de la Tierra circularan y se mezclaran. Después de cientos de millones de años, los materiales livianos se separaron de las partículas pesadas, creando las capas de la Tierra en la cual vivimos hoy. En todas partes hallamos evidencias de que el planeta no es una masa estática sino sumamente dinámica.

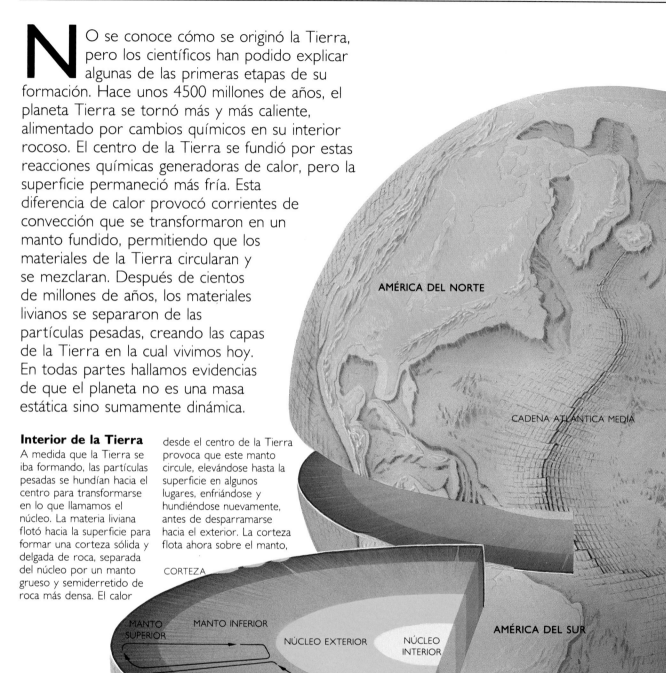

AMÉRICA DEL NORTE

CADENA ATLÁNTICA MEDIA

AMÉRICA DEL SUR

CORTEZA

MANTO SUPERIOR

MANTO INFERIOR

NÚCLEO EXTERIOR

NÚCLEO INTERIOR

OCÉANO

CONTINENTE

Corrientes de convección en el manto, van moviendo las placas de la corteza de un lugar a otro.

Interior de la Tierra

A medida que la Tierra se iba formando, las partículas pesadas se hundían hacia el centro para transformarse en lo que llamamos el núcleo. La materia liviana flotó hacia la superficie para formar una corteza sólida y delgada de roca, separada del núcleo por un manto grueso y semiderretido de roca más densa. El calor desde el centro de la Tierra provoca que este manto circule, elevándose hasta la superficie en algunos lugares, enfriándose y hundiéndose nuevamente, antes de desparramarse hacia el exterior. La corteza flota ahora sobre el manto, como una balsa sobre el mar. Tiene 100 km de grosor y es más delgada debajo de los océanos que de los continentes. Dado que la Tierra tiene 12.742.128 km de diámetro, la corteza representa solamente una cubierta similar a una delgada piel. Actúa como una gran cubierta aislante, manteniendo el calor dentro de la Tierra, mientras permanece lo suficientemente fría en la parte exterior como para permitir la existencia de la vida.

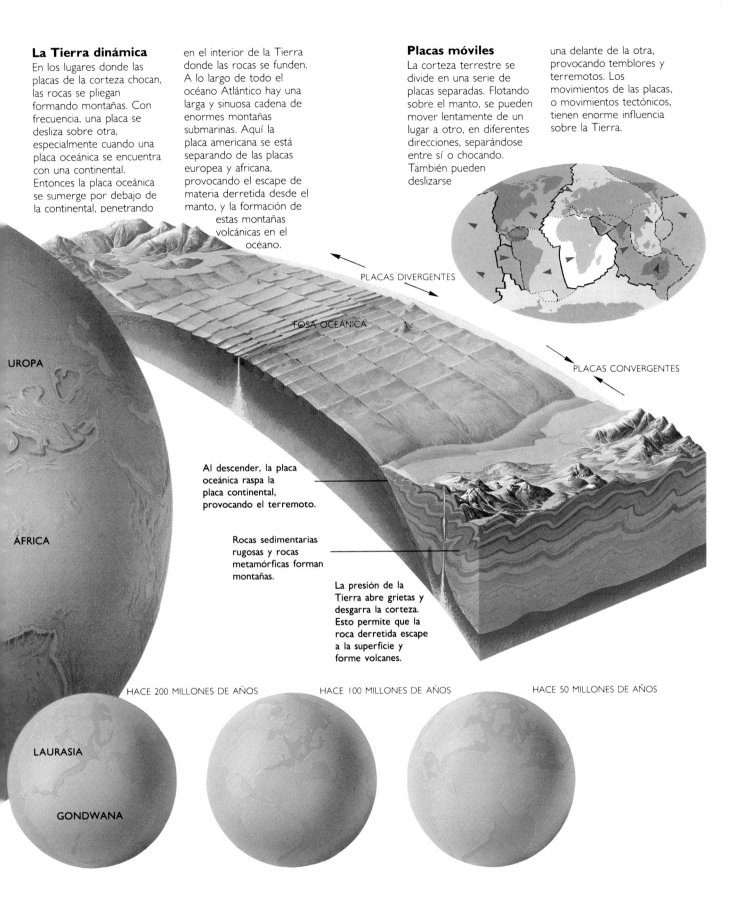

La Tierra dinámica

En los lugares donde las placas de la corteza chocan, las rocas se pliegan formando montañas. Con frecuencia, una placa se desliza sobre otra, especialmente cuando una placa oceánica se encuentra con una continental. Entonces la placa oceánica se sumerge por debajo de la continental, penetrando en el interior de la Tierra donde las rocas se funden. A lo largo de todo el océano Atlántico hay una larga y sinuosa cadena de enormes montañas submarinas. Aquí la placa americana se está separando de las placas europea y africana, provocando el escape de materia derretida desde el manto, y la formación de estas montañas volcánicas en el océano.

Placas móviles

La corteza terrestre se divide en una serie de placas separadas. Flotando sobre el manto, se pueden mover lentamente de un lugar a otro, en diferentes direcciones, separándose entre sí o chocando. También pueden deslizarse una delante de la otra, provocando temblores y terremotos. Los movimientos de las placas, o movimientos tectónicos, tienen enorme influencia sobre la Tierra.

PLACAS DIVERGENTES

FOSA OCEÁNICA

PLACAS CONVERGENTES

UROPA

ÁFRICA

Al descender, la placa oceánica raspa la placa continental, provocando el terremoto.

Rocas sedimentarias rugosas y rocas metamórficas forman montañas.

La presión de la Tierra abre grietas y desgarra la corteza. Esto permite que la roca derretida escape a la superficie y forme volcanes.

HACE 200 MILLONES DE AÑOS

HACE 100 MILLONES DE AÑOS

HACE 50 MILLONES DE AÑOS

LAURASIA

GONDWANA

Continentes cambiantes

Hace unos 500 millones de años, los continentes estaban todos unidos en un gigantesco supercontinente conocido como Pangea. Este continente se dividió inicialmente en dos, Gondwana y Laurasia, y más tarde en los continentes menores que conocemos hoy. Se cree que Europa estuvo alguna vez unida a Norteamérica y que estos continentes se separaron hace 120 millones de años. Desde entonces, las placas que sostienen estos continentes han estado alejándose y el océano Atlántico se ha ido ensanchando. Hace 50 millones de años la disposición de los continentes comenzaba a parecerse a lo que es en la actualidad.

El aire que nos rodea contiene agua en forma de gas invisible, llamado vapor de agua. Su cantidad en la atmósfera determina la humedad. Las regiones que son muy húmedas, como las selvas tropicales, tienen mucho vapor de agua en el aire.

Los desiertos, por el contrario, poseen muy poco.

La evaporación de los ríos, lagos y mares provee a la atmósfera de vapor. El aire caliente contiene mayor cantidad que el aire frío, y por las noches, cuando el aire se enfría, no puede llevar todo el vapor que ha acumulado durante el día; entonces, se condensa en pequeñas gotas que aparecen como rocío o escarcha.

El ciclo del agua

LAS diferencias de presión sobre la superficie de la Tierra provocan que el aire se mueva de un lugar a otro y el vapor de agua sea llevado con él. Si el aire es impulsado hacia arriba, como cuando tiene que pasar sobre una montaña, se enfría. El vapor invisible se condensa alrededor de pequeñas partículas de polvo o sal para formar gotas visibles de agua, que son las nubes.

En su momento, estas gotas llegan a ser demasiado pesadas para que el aire las sostenga y el agua cae como nieve, lluvias o granizo. El agua corre por las pendientes hacia los ríos y, a través de ellos, hacia el mar. Cuando ésta se calienta por el efecto de los

PRECIPITACIÓN

FILTRACIÓN

EVAPORACIÓN

Tormentas eléctricas

Las tormentas más espectaculares se deben a un calentamiento intenso del suelo y el paso de ese calor al aire. Cuando el aire se calienta, sus moléculas comienzan a circular muy rápido. Ese movimiento provoca que el aire se expanda, se haga mucho más liviano, elevándose a grandes alturas, y formando nubes como torres, con gotas de gran tamaño. La base de la nube desarrolla una fuerte carga eléctrica negativa, mientras que la superficie de la Tierra y la parte superior de la nube tienen cargas positivas. Esta diferencia genera chispas (relámpagos) y, al descargarse la energía, una onda de choque viaja a través del aire: es el trueno.

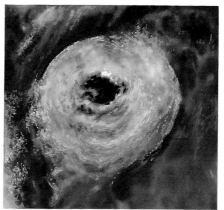

Vista desde un satélite

La imagen satelital de una tormenta eléctrica muestra el modelo espiralado de las altas nubes circulantes. El borde de la tormenta es muy abrupto; la lluvia podría inundar una zona mientras deja las zonas circundantes, secas.

Vientos en el globo

Las diferencias de temperatura en la Tierra provocan que la atmósfera circule, desplazando el aire caliente. Éste se eleva en el ecuador por el gran calentamiento del suelo y luego se propaga hacia los polos. Los océanos también se calientan y fluyen alejándose del ecuador, llevando calor hacia los polos.

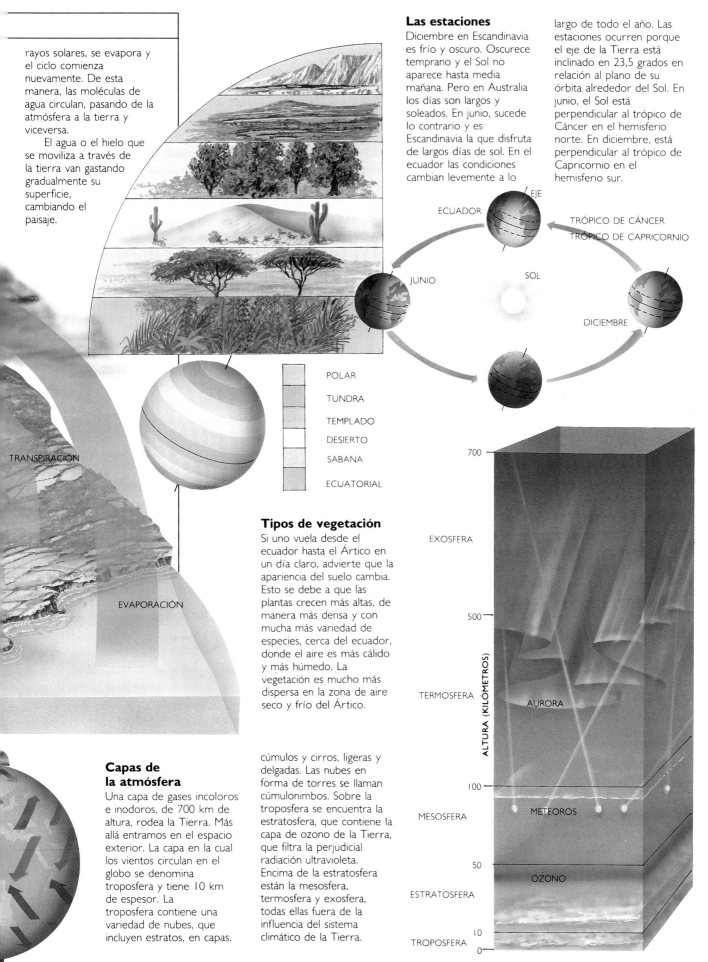

rayos solares, se evapora y el ciclo comienza nuevamente. De esta manera, las moléculas de agua circulan, pasando de la atmósfera a la tierra y viceversa.

El agua o el hielo que se moviliza a través de la tierra van gastando gradualmente su superficie, cambiando el paisaje.

TRANSPIRACIÓN

EVAPORACIÓN

Las estaciones

Diciembre en Escandinavia es frío y oscuro. Oscurece temprano y el Sol no aparece hasta media mañana. Pero en Australia los días son largos y soleados. En junio, sucede lo contrario y es Escandinavia la que disfruta de largos días de sol. En el ecuador las condiciones cambian levemente a lo largo de todo el año. Las estaciones ocurren porque el eje de la Tierra está inclinado en 23,5 grados en relación al plano de su órbita alrededor del Sol. En junio, el Sol está perpendicular al trópico de Cáncer en el hemisferio norte. En diciembre, está perpendicular al trópico de Capricornio en el hemisferio sur.

EJE

ECUADOR

TRÓPICO DE CÁNCER
TRÓPICO DE CAPRICORNIO

JUNIO

SOL

DICIEMBRE

POLAR

TUNDRA

TEMPLADO

DESIERTO

SABANA

ECUATORIAL

Tipos de vegetación

Si uno vuela desde el ecuador hasta el Ártico en un día claro, advierte que la apariencia del suelo cambia. Esto se debe a que las plantas crecen más altas, de manera más densa y con mucha más variedad de especies, cerca del ecuador, donde el aire es más cálido y más húmedo. La vegetación es mucho más dispersa en la zona de aire seco y frío del Ártico.

Capas de la atmósfera

Una capa de gases incoloros e inodoros, de 700 km de altura, rodea la Tierra. Más allá entramos en el espacio exterior. La capa en la cual los vientos circulan en el globo se denomina troposfera y tiene 10 km de espesor. La troposfera contiene una variedad de nubes, que incluyen estratos, en capas, cúmulos y cirros, ligeras y delgadas. Las nubes en forma de torres se llaman cúmulonimbos. Sobre la troposfera se encuentra la estratosfera, que contiene la capa de ozono de la Tierra, que filtra la perjudicial radiación ultravioleta. Encima de la estratosfera están la mesosfera, termosfera y exosfera, todas ellas fuera de la influencia del sistema climático de la Tierra.

700

500

100

50

10
0

ALTURA (KILÓMETROS)

EXOSFERA

TERMOSFERA

AURORA

MESOSFERA

METEOROS

ESTRATOSFERA

OZONO

TROPOSFERA

¿SABÍAS QUE...?

Ship Rock, en Nuevo México, EE.UU., estaba debajo de la tierra, pero luego quedó a la vista debido a la erosión de las inmediaciones. Está formado por el magma endurecido que taponó un conducto volcánico.

Los restos de un árbol fosilizado pueden ser preservados en flujos de lava vieja y sobrevivir por millones de años. En el noreste de Arizona, EE.UU.,hay varios restos.

El ciclo de la roca

EL ciclo de las rocas es efectuado por el hielo, el viento y el agua. Al cabo de millones de años, estos agentes de erosión hacen que la superficie del terreno baje miles de metros, a menos que los movimientos de la corteza de la Tierra eleven el terreno nuevamente a su altura anterior. Los glaciares son empujados por la gravedad hacia el mar, pulverizando la roca debajo de ellos en su marcha. En zonas demasiado templadas como para que haya glaciares, el agua se hace camino hacia el mar por canales o ríos, tallando valles. En regiones áridas, como los desiertos, el viento erosiona las rocas. Todos estos poderosos agentes toman y transportan pequeños fragmentos de roca, como así también partículas del suelo. En algunos casos, procesos químicos disuelven la roca que luego es llevada hacia el mar. Depositadas allí como sedimento, algunas de las partículas del suelo y rocas, con el tiempo, iniciarán el ciclo nuevamente.

Volcanes

La formación de las rocas primarias en la superficie de la Tierra está acompañada con frecuencia por una explosión volcánica. El magma derretido irrumpe en la superficie, junto con una mezcla de cenizas y gases. Es la lava, que se solidifica a medida que corre por el suelo.

De esta manera, un volcán se forma capa a capa con cada erupción. A veces, la superficie de la lava solidificada es fibrosa porque al enfriarse la capa superior, sigue fluyendo por debajo de la roca fundida.

LAVA FIBROSA

CONDUCTO VOLCÁNICO

PASAJE

MAGMA

DELTA

SEDIMEN

SUELO OCEÁNICO

10

Mármol

Mármol de hermosos colores se usa como piedra decorativa en la construcción. Es una roca metamórfica formada a partir de piedra caliza que ha sido cambiada por calor y presión intensos.

VALLE

RÍO

Rocas sedimentarias

LAS rocas sedimentarias están compuestas de sedimentos que se acumulan en una profunda cuenca, o geosinclinal, en el fondo del océano. Adheridos a los sedimentos hay también esqueletos de criaturas marinas. Los sedimentos forman capas que se diferencian por su composición. A través del tiempo, los sedimentos de grano grueso forman piedras areniscas y los de grano fino forman pizarras. Las capas sedimentarias sufren cambios a medida que el medio ambiente cambia, pudiendo representar información útil sobre las condiciones pasadas del suelo. Un movimiento tectónico eleva las capas, exponiéndolas a una nueva erosión.

Las rocas más antiguas de la Tierra tienen casi 4000 millones de años. Las primeras rocas primarias, fueron ígneas formadas por magma en enfriamiento que salía del interior de la Tierra. Las rocas como el granito o el basalto son rocas ígneas, que contienen muchos minerales distintos. Dado que se componen de diferentes combinaciones de los 2000 minerales existentes, tienen aspecto variado y también varían en su resistencia a la erosión del agua, hielo o viento. Las rocas secundarias o rocas sedimentarias, se forman de las rocas primarias ígneas. Un tercer grupo, las terciarias o metamórficas se forman de las rocas primarias y secundarias cuando cambian por el intenso calor o presión.

Fallas y pliegues

Si las rocas se desplazan a lo largo de una falla en el terreno, de manera que un costado quede más bajo que el otro, el proceso se denomina fractura *(abajo, izquierda)*. Un pliegue se forma si la roca se dobla, se corta en la base y se mueve a grandes distancias *(abajo, derecha)*.

Bosques carboníferos

CASI todo el carbón proviene de bosques del período carbonífero, hace unos 300 millones de años. El carbón se formó con los restos de vieja vegetación que, al morir y descomponerse, se acumularon durante los últimos períodos geológicos. Al apilarse más sedimentos en su parte superior, el peso transformó la materia en carbón.

Un pez en la tierra

El mudskipper es realmente un pez, pero se alimenta y procrea en tierra seca. Se han adaptado a la vida tanto dentro como fuera del agua, y tienen una piel especial que absorbe el oxígeno sólo si mantiene su humedad. Se mueven por los terrenos enlodados, arrastrándose sobre sus aletas delanteras, aunque algunas veces se lanzan a través del lodo latigueando con la cola.

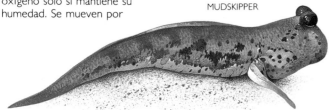

MUDSKIPPER

La vida en la Tierra está organizada en una intrincada serie de cadenas y redes alimentarias en las que el alimento es pasado de un organismo al siguiente. Toda la vida descansa en diminutos organismos que viven en el suelo y toman el nitrógeno del aire de manera que pueda ser usado por las plantas. A medida que crecen, las plantas transforman sustancias minerales básicas en azúcares simples o moléculas alimenticias, que nutren a los animales que se alimentan de plantas, llamados herbívoros. Éstos, a su vez, son comidos por los carnívoros. Luego de la muerte de plantas y animales, los minerales recomienzan el ciclo.

Adaptándose a la vida

NARAS ESPINOSO

FENEC

ALGUNOS hábitats son tan dificultosos para la vida, que las plantas y los animales deben adaptarse especialmente para poder sobrevivir. El fenec, zorro africano, tiene orejas muy largas, que le permiten controlar el calor extremo del desierto. Plantas como el espinoso melón naras, hacen frente a la sequía extrema con raíces muy largas que llegan hasta grandes profundidades, donde hay agua.

Vida en el suelo

Los habitantes del suelo varían según el clima y la roca de la zona. En regiones templadas, los más grandes, como los topos, excavan túneles comiendo lombrices a medida que avanzan. Las criaturas menores, como el ciempiés, se alimentan de insectos microscópicos.

Suelos

Los suelos son una mezcla de partículas rocosas y materia orgánica de las plantas en descomposición. Cerca de la superficie hay más materia orgánica, pero profundamente hay sólo fragmentos de roca.

Sus habitantes

1. Milípedos
2. Ciempiés
3. Lombriz de tierra
4. Termita
5. Escarabajo
6. Mosca de sierra
7. Oruga
8. Microorganismos

Vida en la Tierra

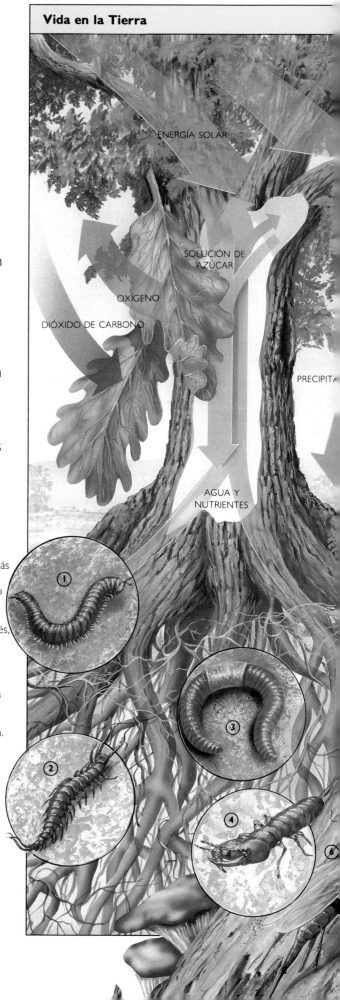

ENERGÍA SOLAR

SOLUCIÓN DE AZÚCAR

OXÍGENO

DIÓXIDO DE CARBONO

PRECIPITA

AGUA Y NUTRIENTES

LOS árboles tienen la capacidad de absorber humedad del suelo en un proceso que se conoce como transpiración. La humedad también contiene sustancias nutricias del suelo, tales como nitrógeno en la forma de nitratos, o fósforo en la forma de fosfatos. Las hojas de las plantas absorben dióxido de carbono de la atmósfera y energía del Sol; contienen clorofila, que les da su color verde y les permite convertir las sustancias nutritivas y el dióxido de carbono en azúcares y oxígeno. Éste vuelve a la atmósfera a través de pequeños poros de las hojas: los estomas, pero la solución de azúcar permanece en la planta y luego servirá de alimento a los animales. Cuando las plantas vuelven a la tierra, comienza el trabajo de los descomponedores, que inicia el paso hacia la formación de una nueva fuente de sustancias nutritivas.

...PORACIÓN

...ANSPIRACIÓN

El ciclo del nitrógeno

El nitrógeno es el gas más abundante en la atmósfera. Otros gases, como el oxígeno, argón y dióxido de carbono también están presentes. Como simple molécula, que consiste en dos átomos de nitrógeno, éste no puede ser absorbido por las plantas. Para ser útil, se lo debe "fijar". Esta fijación implica la acción de microorganismos, o bacterias, que viven en el suelo. Éstas oxidan el nitrógeno para formar nitrato, que puede ser usado por las plantas. Los nitratos pasan a las plantas, que luego son comidas por los animales. De esta manera, los átomos de nitrógeno se trasladan, y regresan en su momento a la atmósfera, después de la muerte de los animales y las plantas.

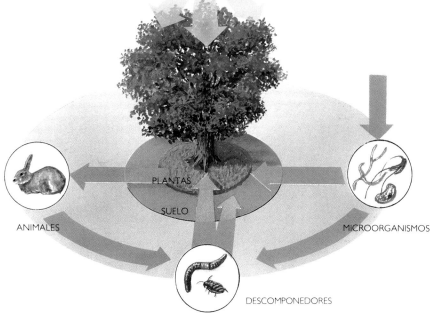

PLANTAS

SUELO

ANIMALES

MICROORGANISMOS

DESCOMPONEDORES

Redes alimentarias

Las criaturas vivientes, plantas y microorganismos se organizan como grupos interconectados, pasando la energía en forma de alimentos de un nivel al otro. Las plantas producen el alimento, por el proceso de fotosíntesis, y ellas son consumidas en su momento por los herbívoros, como las vacas y los conejos. Los herbívoros son luego consumidos por los consumidore secundarios, los carnívoros, que se alimentan de carne. Muchos pájaros pequeños son consumidores secundarios, como también las ratas. Los consumidores secundarios son comidos por los consumidores terciarios o carnívoros mayores.

HERBÍVORO

PLANTAS

DESCOMPONEDORES

CONSUMIDOR SECUNDARIO

CONSUMIDOR TERCIARIO

Descomponedores

Cuando las plantas mueren, caen al suelo y luego se pudren. Los organismos vivientes que se encuentran debajo del suelo y en la superficie apuran el proceso de descomposición. Estos organismos microscópicos incluyen hongos, algas y bacterias. Criaturas mayores como las lombrices de tierra y las termitas quiebran los restos de las plantas al comerlas.

Las lechuzas, de pico ganchudo y ojos saltones, son grandes carnívoros que se alimentan de ratones, ratas de agua y pájaros pequeños. Las lechuzas son por lo general nocturnas; cazan sólo de noche.

LOS OCÉANOS VIVIENTES

Cerca de la tierra

Los bordes de los océanos amparan muchas especies vegetales. Costas fangosas y resguardadas alojan plantas de pantanos salinos en las regiones templadas del mundo y mangles en las regiones tropicales. Debajo del nivel del mar viven diferentes tipos de plantas marinas, formando una densa red de vegetación en la cual se alberga una amplia gama de animales. Grandes algas marinas son especialmente útiles para la nutria de mar, que duerme a salvo de las corrientes, usando una banda gruesa de algas a modo de ancla.

L A mayor parte del mundo está cubierta por océanos. Los dos océanos más extensos, el Atlántico y el Pacífico, cubren poco más del 50 por ciento. Las costas, donde se encuentran mar y tierra, están cambiando de forma constantemente a medida que el agua carcome el terreno.

Después de largos períodos, la posición de las costas del mundo también varía al subir y bajar el nivel del mar. Durante la última era glacial, cuando grandes volúmenes de agua quedaron cautivos en enormes capas de hielo, el nivel del mar se encontraba 180 metros por debajo del actual. El mar Báltico estaba cubierto de hielo, y era posible ir de Inglaterra a Francia caminando, como también de Rusia a Alaska.

Ecosistemas marinos

La base de toda la vida marina se encuentra en el fitoplancton, que se mueve a la deriva en el mar. Estos pequeños organismos unicelulares, de apenas un milímetro de diámetro, contienen clorofila que les permite producir materia vegetal a partir de los minerales, aprovechando la energía del Sol. El mar contiene gran cantidad de fitoplancton, que es consumido por el zooplancton, pequeños langostinos y medusas. Los

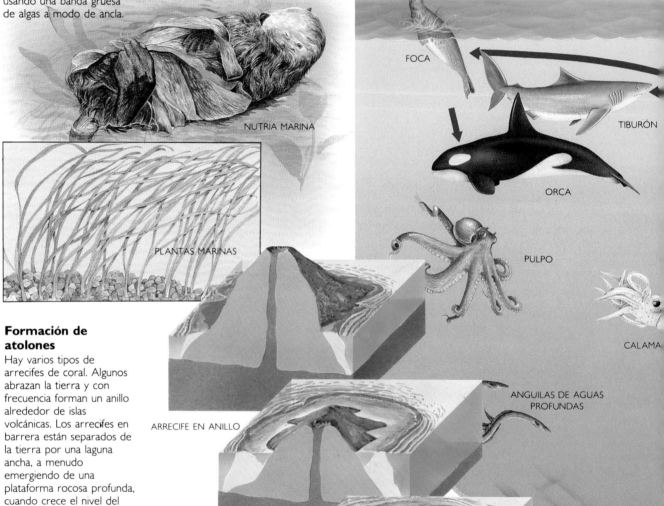

NUTRIA MARINA

PLANTAS MARINAS

FOCA

TIBURÓN

ORCA

PULPO

CALAMA

ANGUILAS DE AGUAS PROFUNDAS

ARRECIFE EN ANILLO

ARRECIFE EN BARRERA

ATOLÓN

ESTRELLA VIDR

LOMBRICES

Formación de atolones

Hay varios tipos de arrecifes de coral. Algunos abrazan la tierra y con frecuencia forman un anillo alrededor de islas volcánicas. Los arrecifes en barrera están separados de la tierra por una laguna ancha, a menudo emergiendo de una plataforma rocosa profunda, cuando crece el nivel del mar. Si el coral crece tan rápidamente como sube el mar, al desaparecer la tierra, queda el coral con la forma de un atolón.

peces más grandes, focas y ballenas, a su vez consumen estas pequeñas criaturas.

En las profundidades del océano hay zonas en las cuales sobreviven ciertas especies. Casi todos los peces se encuentran hasta los 200 m de profundidad, o sea hasta donde llega la luz solar. En mitad de las cuencas oceánicas o en las fosas no penetran los rayos del Sol. Sin embargo, sobreviven diversas criaturas en la oscuridad, incluyendo cohombros de mar, moluscos y lombrices.

Las grandes cuencas oceánicas contienen las montañas más grandes, como así también las más profundas fosas. La cadena Medio Atlántica, que forma la unión entre dos placas divergentes y que corre exactamente a lo largo del centro del Atlántico, contiene montañas muy altas que se insinúan en la superficie para formar islas volcánicas.

Los océanos actúan como grandes maquinarias que transfieren calor desde el ecuador a los polos, de la misma manera que la atmósfera. A medida que las corrientes oceánicas frías y cálidas circulan alrededor de la Tierra, las aguas se mezclan afectando los climas. Las diferentes temperaturas también determinan la rica vida marina.

Mareas

La atracción gravitatoria de la Luna sobre la Tierra provoca que la superficie del océano se levante en dos extremos del planeta. La Luna da una vuelta completa alrededor de la Tierra una vez por día y las dos subidas de nivel la acompañan en su movimiento; esto da lugar a dos ciclos de mareas en la mayor parte del mundo.

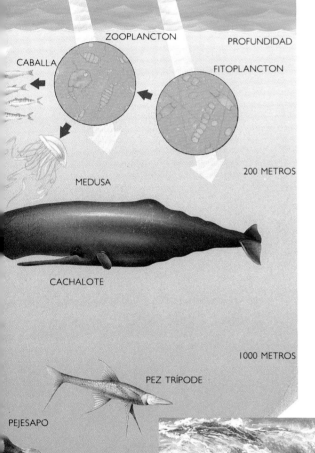

ZOOPLANCTON

PROFUNDIDAD

CABALLA

FITOPLANCTON

MEDUSA

200 METROS

CACHALOTE

1000 METROS

PEZ TRÍPODE

PEJESAPO

6000 metros

COHOMBROS MARINOS

TRAYECTORIA DE LA LUNA
ALREDEDOR DE LA TIERRA

TRAYECTORIA DE LA TIERRA
ALREDEDOR DEL SOL

La Tierra gira sobre su eje mientras gira alrededor del Sol.

LUNA

TIERRA

SOL

El Sol ejerce atracción sobre la Tierra de la misma manera que la Luna. Las mareas más grandes se dan cuando el Sol y la Luna están alineados.

Tsunamis

Se habla de los tsunamis como si fueran olas de mareas. En realidad, los tsunamis se generan por los temblores de la Tierra, conocidos como choques sísmicos y no tienen nada que ver con los procesos gravitatorios que dan lugar a las mareas. Contienen una enorme cantidad de energía que se descarga con frecuencia sobre la tierra cuando rompe la ola. También pueden viajar grandes distancias a través del océano abierto a velocidades de 900 km por hora. Muchos se originan en los alrededores de la costa del Pacífico donde hay considerable actividad sísmica debajo del océano.

AMÉRICA DEL NORTE

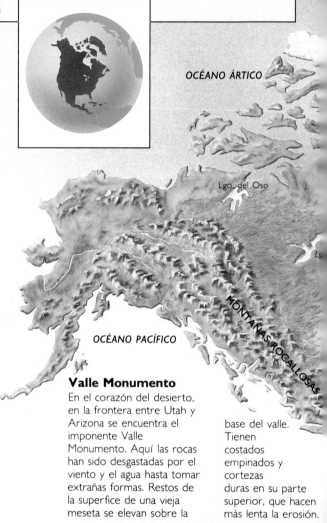

AMÉRICA del Norte tiene ardientes desiertos, amplias extensiones de pastizales, bosques de coníferas y plantas caducas, zonas de tundra en el extremo norte y algunas regiones que están permanentemente cubiertas por el hielo. El clima es el principal responsable de esta variación en el paisaje y en la vegetación.

En el sudoeste de América del Norte están los desiertos, tales como el Mohave y el Sonoran, donde la temperatura llega a más de 50ºC durante el día y pueden pasar muchos años sin lluvias. En los desiertos hace mucho frío por la noche, porque no hay nubes que absorban el calor. Los desiertos están rodeados de pastizales que se denominan praderas. En ellas llueve más y las temperaturas son más frescas y, por lo tanto, pueden crecer muchas especies de pastos. Los animales sobreviven más fácilmente; hay abundancia de insectos y roedores.

Más cerca de las costas, los climas se tornan mucho menos duros, excepto donde las corrientes oceánicas frías provocan que el aire permanezca muy seco en sus cercanías. A lo largo de la costa del Pacífico, la corriente fría de California crea condiciones desérticas que se extienden por muchos kilómetros. El Atlántico norte es más templado y el clima de la costa es más húmedo, de manera que pueden crecer bosques de árboles caducos. Sin embargo, como en Europa, muchos de estos bosques han sido talados para dar lugar a la agricultura.

OCÉANO ÁRTICO

Lgo. del Oso

OCÉANO PACÍFICO

MONTAÑAS ROCALLOSAS

Valle Monumento
En el corazón del desierto, en la frontera entre Utah y Arizona se encuentra el imponente Valle Monumento. Aquí las rocas han sido desgastadas por el viento y el agua hasta tomar extrañas formas. Restos de la superfice de una vieja meseta se elevan sobre la base del valle. Tienen costados empinados y cortezas duras en su parte superior, que hacen más lenta la erosión.

1. La extensa isla de Groenlandia está cubierta por una capa de hielo todo el año.
2. La ruta comercial marítima del río San Lorenzo se formó por la erosión glacial del valle.
3. Los cinco Grandes Lagos en la frontera entre EE.UU. y Canadá se formaron cuando el hielo barrió el terreno, creando grandes depresiones que se llenaron de agua.
4. Los árboles más viejos del mundo se encuentran en los Montes Blancos, en California; algunos tienen hasta 4600 años.
5. El Valle de la Muerte recibe menos de 5 cm de lluvia en el año. Tiene también las temperaturas más altas de la región, que llegan hasta 57ºC.
6. El golfo de México es el golfo más extenso del mundo.
7. La isla de Martinica contiene muchos volcanes. El más alto es el Monte Pelée de 1463 m, que entró en erupción en 1902, provocando la muerte de 40.000 personas.

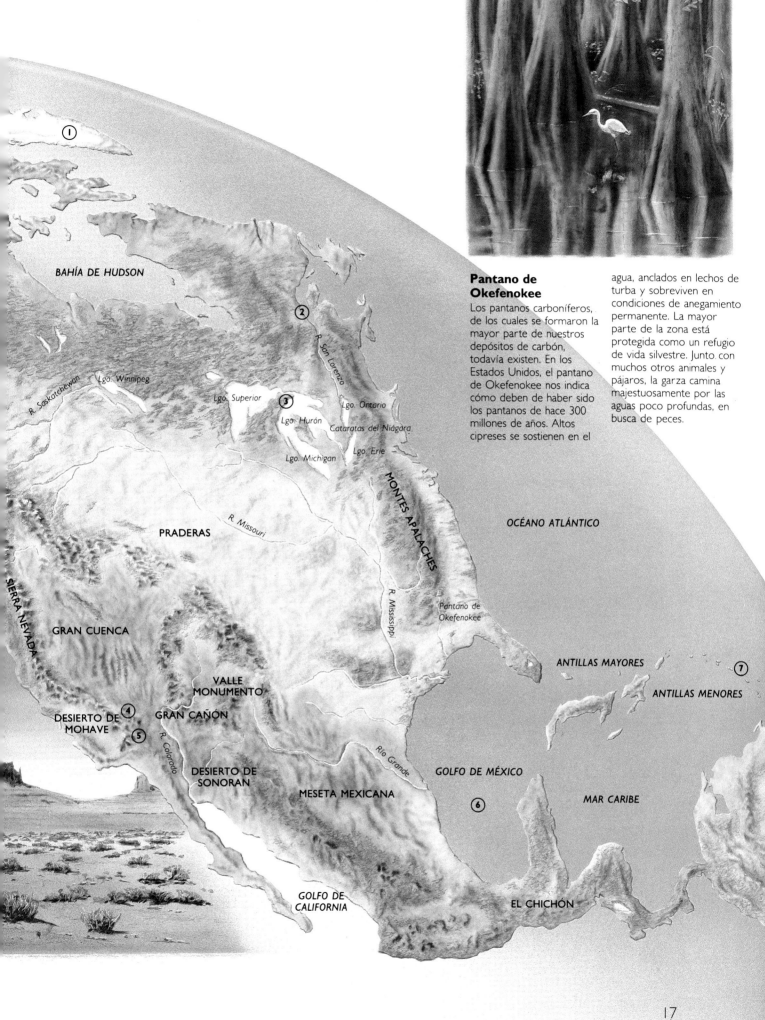

BAHÍA DE HUDSON

R. Soskatchewan

Lgo. Winnipeg

R. San Lorenzo

Lgo. Superior

Lgo. Hurón

Lgo. Ontario

Cataratas del Niágara

Lgo. Michigan

Lgo. Erie

MONTES APALACHES

R. Missouri

PRADERAS

OCÉANO ATLÁNTICO

SIERRA NEVADA

GRAN CUENCA

R. Mississippi

VALLE
MONUMENTO

DESIERTO DE
MOHAVE

GRAN CAÑON

R. Colorado

Pantano de
Okefenokee

ANTILLAS MAYORES

ANTILLAS MENORES

DESIERTO DE
SONORAN

Río Grande

GOLFO DE MÉXICO

MESETA MEXICANA

MAR CARIBE

GOLFO DE
CALIFORNIA

EL CHICHÓN

Pantano de Okefenokee

Los pantanos carboníferos, de los cuales se formaron la mayor parte de nuestros depósitos de carbón, todavía existen. En los Estados Unidos, el pantano de Okefenokee nos indica cómo deben de haber sido los pantanos de hace 300 millones de años. Altos cipreses se sostienen en el agua, anclados en lechos de turba y sobreviven en condiciones de anegamiento permanente. La mayor parte de la zona está protegida como un refugio de vida silvestre. Junto con muchos otros animales y pájaros, la garza camina majestuosamente por las aguas poco profundas, en busca de peces.

17

Animales de clima frío

Muchos animales se han adaptado al duro medio ambiente ártico. Hay alrededor de 20.000 osos polares. Construyen confortables cuevas de nieve en las cuales protegen sus crías, y viajan grandes distancias usando trozos de hielo sueltos como balsas, flotando miles de kilómetros hacia el mar.

A diferencia de la mayor parte de América del Norte, Groenlandia está cubierta de hielo. Se la considera la isla más extensa del mundo, pero si fuera posible retirar la inmensa capa de hielo que cubre la región, podríamos muy bien descubrir que, debajo, hay una serie de pequeñas islas. Groenlandia se precia de tener el glacial que avanza más rápidamente, el Quarayaq, que se traslada entre 20 y 24 m por día.

Durante el período Pleistoceno, hace 2 millones de años y se extendió hasta 10.000 años

El Fiordo Eterno

EL magnífico Fiordo Eterno, totalmente cubierto de hielo, que se encuentra en Groenlandia, tiene 80 km de largo y ha sufrido la erosión de hielos flotantes durante más de 2 millones de años. El hielo proviene de dos extensos casquetes de hielo que se encuentran en el oeste de Groenlandia y que recogen nieve nueva cada año. La nieve se convierte en hielo y su peso empuja los glaciares hacia afuera de los casquetes. A medida que se mueven, los glaciares desgastan los valles, haciéndolos más profundos. Rocas destruidas por las heladas caen desde las paredes de los valles hacia los hielos y son transportadas con ellos. Los glaciares llegan al mar, se derriten y enormes bloques de hielo se separan y flotan libremente. En los lugares donde los glaciares se unen al mar, forman entradas angostas y profundas, los fiordos.

Luces en el norte

El período de verano en el extremo norte del mundo se caracteriza por un fenómeno solar espectacular. Las auroras boreales son un despliegue brillante de luces multicolores en el cielo. Alcanzan una altura de hasta 100 km y pueden observarse desde lugares que se encuentren a miles de kilómetros de distancia. Las auroras se forman cuando partículas provenientes del espacio se deshacen en la atmósfera, emitiendo luz. Las auroras también ocurren en el hemisferio sur: son las auroras australes.

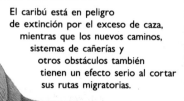

El caribú está en peligro de extinción por el exceso de caza, mientras que los nuevos caminos, sistemas de cañerías y otros obstáculos también tienen un efecto serio al cortar sus rutas migratorias.

El pasado helado de Canadá

VIAJANDO de norte a sur por Canadá, se encuentra un paisaje variado, que va desde los hielos y nieves hasta las tundras, los bosques y los pastizales. Sin embargo, capas de hielo cubrieron toda la región en el pasado y dejaron su marca sobre la superficie. Acarreaban grandes guijarros hacia el sur y los iban dejando a medida que el hielo se derretía. Los túneles formados en el hielo dejaron extensas serranías de tierra y roca, denominadas eskers, que cubren varios kilómetros a lo largo de la región.

La línea azul muestra en el mapa cómo se extendía el hielo a través de América del Norte en·la última era glacial.

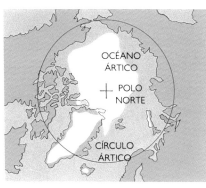

OCÉANO ÁRTICO

+ POLO NORTE

CÍRCULO ÁRTICO

CANTO RODADO

HIELO Y NIEVE

ESKER

TUNDRA

BOSQUES Y PASTIZALES

LAGOS GLACIALES

El gran peso del hielo provoca que el terreno se hunda en algunos lugares. Cuando el hielo se derrite, estas depresiones se llenan de agua. Las zonas que han tenido glaciares, frecuentemente se hallan salpicadas de depresiones llenas de agua, conocidas como lagos glaciales.

Flores árticas

En el Ártico, árido y desolado, crecen flores resistentes. Se adaptan al intenso frío y a las condiciones relativamente secas. Pequeñas vellosidades las protegen del frío y se unen en apretados ramilletes para soportar el viento.

Pingos

EXTENSAS zonas de Canadá, Alaska y Groenlandia tienen características propias de una tundra. La tundra es una zona donde el suelo está permanentemente helado. Los pingos se forman cuando el agua se congela en el suelo y se expande, obligando a que la superficie del suelo se eleve. En su momento, se hunden, dejando una depresión que puede llenarse de agua en el verano.

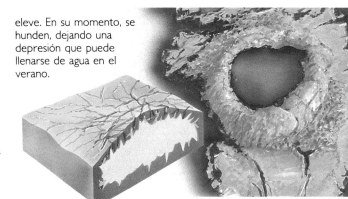

Caribú

Muchos animales emigran en busca de alimentos en diferentes momentos del año. Los caribúes del norte de Canadá cuentan con dos hábitats. En invierno se encuentran en los bosques coníferos del sur, donde el clima es más templado, pero en el verano, a medida que el tiempo mejora y los días se hacen más largos, emigran cientos de kilómetros al norte, hacia las regiones de tundra.

➡ PRIMAVERA

➡ OTOÑO

atrás, enormes capas de hielo arrasaron desde el Ártico, cubriendo Canadá Groenlandia y extensas zonas del norte de Estados Unidos. Esto sucedió por lo menos 17 veces, al producirse el avance y retroceso repetido de las capas de hielo. A medida que el hielo avanzaba, la corteza se hundía más y más hacia el manto debido al peso adicional en la superficie. El retroceso de los hielos permitió que se elevara nuevamente, provocando ligeros temblores de tierra que aún se sienten en el este del continente.

Las cataratas del Niágara

Las cataratas del Niágara, entre los lagos Erie y Ontario, en América del Norte, se formaron a lo largo de una falla, donde la tierra se dividió y uno de los lados del terreno se deslizó hacia abajo.

Secuoyas gigantes

En California crecen secuoyas gigantes que llegan a más de 90 m de altura y pueden vivir por más de 3000 años. Una capa de corteza, de más de 60 cm de espesor, las protege de enfermedades y de los incendios forestales.

El Gran Cañón

EL espectacular Gran Cañón, tallado por el río Colorado, tiene más de 450 km de largo. Las escarpadas paredes del cañón, que descienden casi 2000 m, están constituidas por diferentes capas de roca. Éstas son rocas sedimentarias, depositadas en el fondo del mar hace millones de años, pero ahora el Gran Cañón

América del Norte se asienta sobre la placa americana, que se encuentra con la placa del Pacífico a lo largo de la costa oeste, provocando frecuentes temblores de tierra y terremotos. La actividad tectónica es también responsable de la elevación de las rocas desde el fondo del océano y de la creación de nuevas tierras. Las rocas del lecho marino tienen muchas capas que, cuando se elevan, pueden verse en la superficie.

El Gran Cañón de los Estados Unidos pone de manifiesto estos antiguos lechos marinos en las líneas que se ven en la roca expuesta. Los geólogos pueden indicar la edad de las rocas y las condiciones que existían cuando se formaron, a partir de los fósiles que se encuentran en cada capa.

La falla de San Andrés

LA falla de San Andrés corre a lo largo de la costa oeste de América del Norte, donde se encuentran las placas americanas y del Pacífico. Al moverse las placas, se produce gran tensión en la corteza de la Tierra.

PLACA NORTEAMERICANA

PLACA DEL PACÍFICO

Terremotos

La ciudad de San Francisco se encuentra sobre la falla de San Andrés y ha sufrido numerosos temblores y varios terremotos devastadores, como el de 1906 que produjo la muerte de más de 500 personas y destruyó extensas áreas de la ciudad. La severidad de un terremoto se mide en la escala de Richter, que va de 1, para un movimiento de tierra muy leve, hasta 8 para movimientos de gran seriedad.

se halla a más de 2000 m sobre el nivel del mar, formado en ese lugar por elevamientos tectónicos. Las rocas de la parte superior del cañón son las más jóvenes (unos 200 millones de años) y contienen fósiles de animales y plantas que vivieron en las aguas donde los sedimentos se depositaron.

Parques Nacionales

Las áreas silvestres de los Estados Unidos, donde los animales y plantas propios del lugar se protegen de la actividad humana, se denominan Parques Nacionales. La caza está prohibida y animales como los osos pardos pueden vagar sin peligro.

El lago Mono

Las estructuras en forma de torres que se encuentran sobre la superficie del lago Mono, en California, son columnas de toba. La toba es un depósito duro de carbonato de calcio. Se forma por sedimentación cuando la carga de carbonato de calcio disuelto en el agua llega a ser demasiado grande.

¿SABÍAS QUE...?

El delta del Mississippi se formó en cientos de años. Los sedimentos finos llevados por el río se depositan a medida que su corriente se va haciendo más lenta al penetrar en el mar.

El cráter Barringer, en Arizona, es el más grande del mundo. Se cree que la causa fue un meteorito de 50.000 toneladas que chocó contra el suelo, hace alrededor de 40.000 años.

Las arenas blancas de la cuenca de Tularosa, Nuevo México, brillan como nieve a la luz del Sol. Esta inusual arena desértica es un mineral denominado yeso.

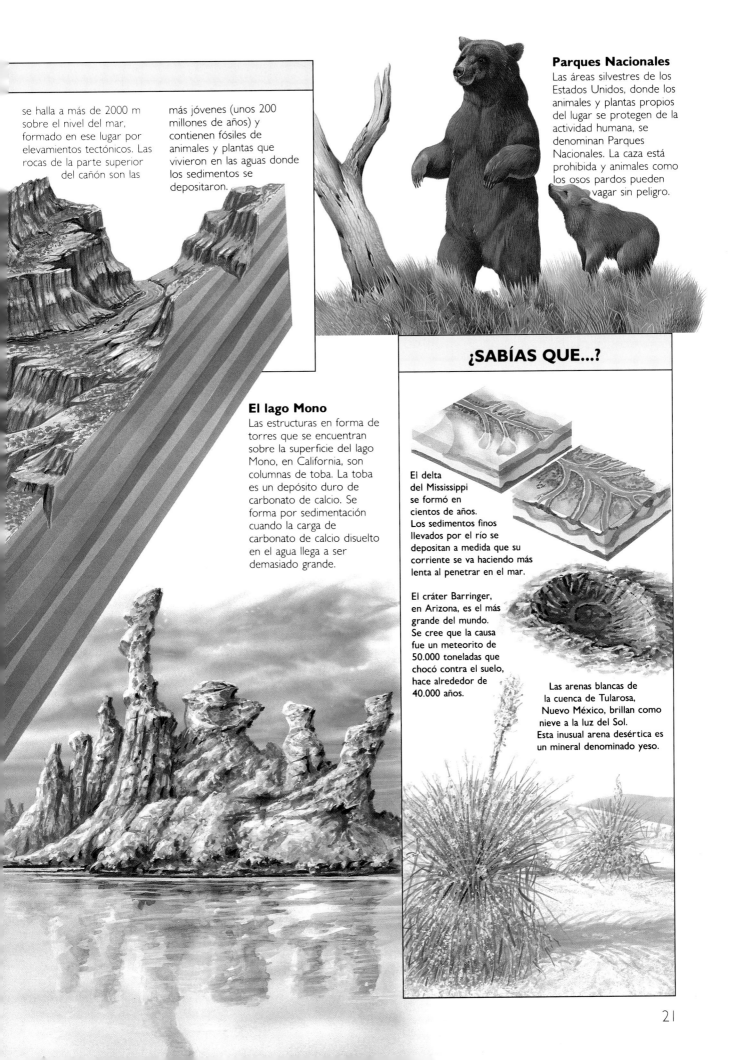

Tormentas mortales

Devastadores huracanes, también conocidos como ciclones o tifones, tienen lugar regularmente a lo largo de la costa este de América, Asia y Australia. Estas enormes máquinas de calor, de hasta 800 km de diámetro y con vientos de más de 100 km por hora, son las tormentas más grandes del mundo. En el siglo XX más de 45.000 personas han muerto en el Caribe y el sudeste de Estados Unidos por la actividad de los huracanes.

Las tormentas que asuelan las playas del este de América Central se originan en los cálidos mares tropicales; algunas de ellas cruzan el océano Atlántico desde las costas

El Chichón

EL 4 de abril de 1980, la vieja montaña El Chichón, en México, entró en erupción después de haber permanecido dormida por más de mil años. La espesa vegetación que cubría la abertura fue despedida en la erupción y un penacho vertical de polvo, cenizas y gases fue lanzado hacia la estratosfera. Muchos volcanes al entrar en erupción, envían su materia hacia los costados, en ríos de lava derretida que

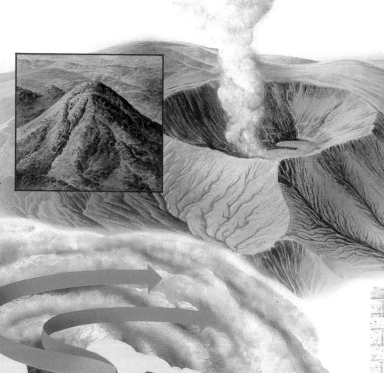

GOLFO DE MÉXICO

MAR CARIBE

del oeste de África. Los mares cálidos aportan calor y agua al aire, que se eleva, en forma de enormes nubes. Los vientos, que se mueven en la parte superior de la atmósfera, dirigen la amenazante tormenta hacia las islas del Caribe y la rotación de la Tierra produce un efecto giratorio en el aire que se eleva. Al llegar a la tierra, la fuente de energía del

huracán se corta y, con una enorme ráfaga, la energía se libera, provocando destrucción generalizada. El calor que se libera en una sola tormenta proveería a los Estados Unidos de energía para tres años, si pudiera ser convertido en electricidad.

Mariposas monarca

Las mariposas monarca de América del Norte, emigran a través de grandes distancias. Nacen en la zona de los Grandes Lagos de Estados Unidos y viajan 4000 km al sur, hacia California, Florida y México. Luego regresan en primavera.

recorren grandes distancias sobre el terreno. El Chichón fue diferente: su nube vertical de polvo que alcanzó una altura de más de 20 km fue llevada por los fuertes vientos de la parte superior de la atmósfera a miles de kilómetros alrededor del globo, reduciendo la radiación solar sobre una amplia zona. En las cercanías del volcán las cenizas cayeron como una lluvia de polvo y se asentaron, cubriendo la tierra de una gruesa capa de polvo fino. Al entrar el volcán en erupción, se liberaron gases venenosos.

LLUVIA DE CENIZAS

Tromba marina

Intensos centros de baja presión o tornados originan en el mar las trombas. Cuando cruza el tornado sobre la superficie del mar, succiona enormes cantidades de agua que forman un remolino que se eleva hacia el cielo. Cuando esta agua regresa a la tierra crea una lluvia salada que puede inundar amplias áreas. Caerá también todo pez que haya sido absorbido por el agua. Este fenómeno se ha visto en las cercanías de la costa de Florida, en el Atlántico, y en el golfo de México.

Corona de espinas

La estrella de mar corona de espinas se alimenta de pólipos de coral vivientes, lo cual constituye una amenaza seria para los arrecifes de coral. En el presente habitan en los océanos Índico y Pacífico, pero con la apertura del canal de Panamá, se ha abierto un pasadizo hacia el Caribe. Se teme que esto pueda significar un ataque a los arrecifes de coral de la región.

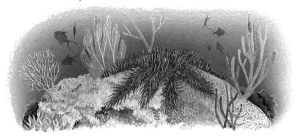

América del Norte y América del Sur están unidas por el itsmo angosto o "puente terrestre" de América Central. La conexión se estableció de 5 a 2 millones de años atrás. Antes de que esto sucediera, parte de América Central y las islas Antillas Mayores estaban unidas formando una masa terrestre única más pequeña. El terreno se dividió por la erosión y por los movimientos en la corteza de la Tierra. El movimiento y choque de placas continúa afectando la región, como puede verse en los numerosos terremotos y erupciones volcánicas que se dan en el itsmo de América Central e islas del Caribe.

Murciélagos en el desierto

CACTO SAGUARO

En el ardiente desierto de Sonoran, al norte de México, hay muchas especies de cactos. Los cactos saguaro y cactos tubos de órgano confían en los murciélagos para la polinización. Pequeños murciélagos de largas narices beben el dulce néctar de sus flores, polinizándolos a medida que cruzan el desierto. Más tarde regresan para alimentarse de los suculentos frutos de los cactos, que son el resultado de su último viaje a través del desierto.

Emigración de la ballena gris

Cada año la ballena gris emprende el más largo viaje de emigración que se conozca, viajando 24.000 km desde las lagunas de Baja California hasta el mar de Bering y nuevamente de regreso. Alcanza una velocidad promedio de 8 km/h. Los ballenatos nacen en invierno en el extremo sur de la ruta, cerca de México. En primavera las ballenas parten hacia el norte y llegan a sus territorios de alimentación de verano, varios meses después.

ZONAS DE ALIMENTACIÓN

RUTAS MIGRATORIAS

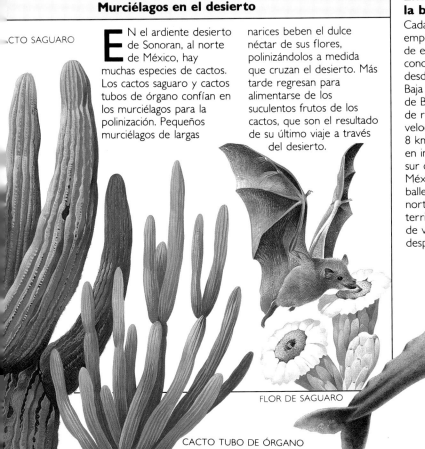

FLOR DE SAGUARO

CACTO TUBO DE ÓRGANO

23

AMÉRICA DEL SUR

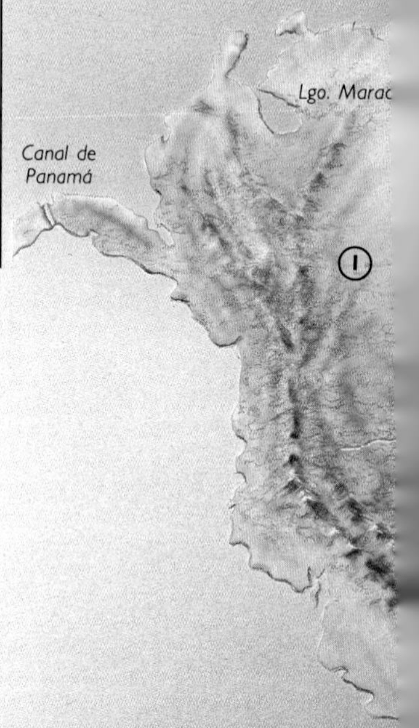

AMÉRICA del Sur está rodeada por dos poderosos océanos: el Atlántico, al este y el Pacífico, al oeste. El extremo sur del continente termina en un punto muy delgado, de sólo 800 km de diámetro. Se denomina Cabo de Hornos y los antiguos viajes marítimos alrededor del mundo debían enfrentar las tormentosas aguas del cabo para pasar de un océano a otro. Hoy, el Canal de Panamá, de sólo 64 km de largo, permite que los barcos crucen el continente, sin tener que emprender el largo viaje alrededor de Sudamérica.

A lo largo de la costa oeste, se encuentra la alta y larga cadena montañosa de los Andes. La cordillera de los Andes es muy activa, con fases frecuentes de elevamiento y mucha actividad volcánica. El Lago Titicaca, el más alto del mundo, se encuentra entre Perú y Bolivia, a gran altura, en las montañas.

En América del Sur están las selvas más extensas del mundo. El setenta y cinco por ciento de Sudamérica es tropical y la mayor parte de ella es también húmeda, lo cual representa un medio ambiente ideal para el crecimiento de vastas selvas, altas y densas. La más extensa está en Brasil y se la llama selva amazónica.

Lgo. Marac

Canal de Panamá

Andes y cóndores

Volando en lo alto de los cielos, sobre los Andes sudamericanos, se suele ver el cóndor. Estos pájaros de presa se posan en las grietas de las escarpadas pendientes montañosas, arremetiendo hacia el cielo. Los cóndores son majestuosos en su vuelo, con sus anchas alas, cogotes cortos y pesadas colas, sus alas cubren una superficie de más de dos metros cuadrados. Evitan las zonas en las que vive el hombre y sólo se los ve en una franja angosta, entre Ecuador y el Cabo de Hornos.

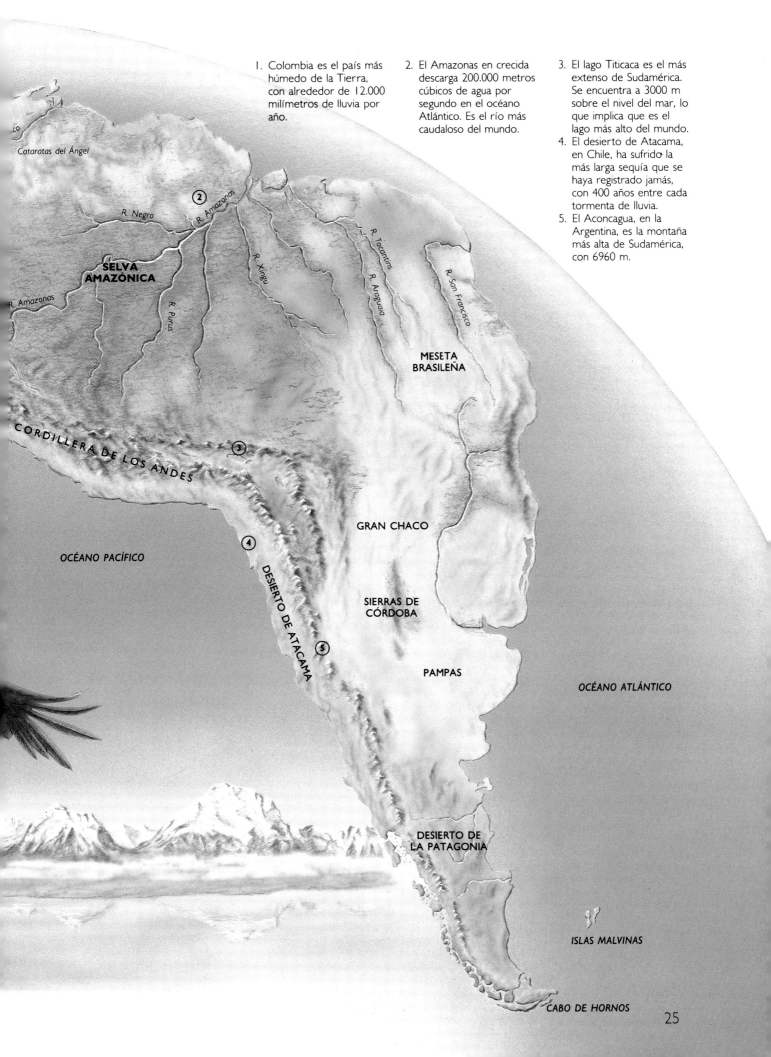

1. Colombia es el país más húmedo de la Tierra, con alrededor de 12.000 milímetros de lluvia por año.

2. El Amazonas en crecida descarga 200.000 metros cúbicos de agua por segundo en el océano Atlántico. Es el río más caudaloso del mundo.

3. El lago Titicaca es el más extenso de Sudamérica. Se encuentra a 3000 m sobre el nivel del mar, lo que implica que es el lago más alto del mundo.

4. El desierto de Atacama, en Chile, ha sufrido la más larga sequía que se haya registrado jamás, con 400 años entre cada tormenta de lluvia.

5. El Aconcagua, en la Argentina, es la montaña más alta de Sudamérica, con 6960 m.

Cataratas del Ángel

R. Negro

R. Amazonas

SELVA AMAZÓNICA

R. Xingú

R. Tocantins

R. Araguaia

R. San Francisco

R. Amazonas

R. Purus

MESETA BRASILEÑA

CORDILLERA DE LOS ANDES

OCÉANO PACÍFICO

DESIERTO DE ATACAMA

GRAN CHACO

SIERRAS DE CÓRDOBA

PAMPAS

OCÉANO ATLÁNTICO

DESIERTO DE LA PATAGONIA

ISLAS MALVINAS

CABO DE HORNOS

25

Río Amazonas

El segundo río más largo del mundo, el Amazonas, serpentea a través de las densas selvas tropicales. Su trayecto demuestra que el río altera su curso con frecuencia, curvándose hacia un lado y otro, dejando viejos canales cortados, que son poco a poco conquistados por las plantas.

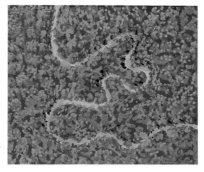

En el océano Pacífico, a 1300 km al oeste del continente, se encuentran las Islas Galápagos, formadas por la actividad volcánica. El científico británico Charles Darwin, visitó estas islas en 1830 y fue esta expedición la que inspiró su famosa teoría de la evolución. Darwin pudo analizar sorprendentes adaptaciones en los animales, que permitían a algunas especies sacar provecho de su hábitat y sobrevivir en él con más eficacia que otros. Cada una de las 15 islas Galápagos es única: algunas son secas y desoladas, otras son húmedas y exuberantes. A lo largo del tiempo, los animales de cada una de ellas han sufrido alteraciones al cambiar su comportamiento para sacar el mejor provecho de tan diversos medios.

Vida silvestre en las Islas Galápagos

La variedad de paisajes ha dado origen a una sorprendente diversidad en las especies que las habitan. Incluso los animales de un mismo tipo varían en color y tamaño de una isla a otra. Entre las criaturas inusuales están las tortugas gigantes, las iguanas terrestres y marinas y lagartos. Hay una enorme variedad de pájaros, incluyendo el ave fragata cuyo macho tiene una bolsa roja en la garganta que puede inflar en sus despliegues amorosos.

Ausencia de lluvia en los Andes

A lo largo de la costa oeste de Sudamérica, fluyendo de sur a norte, está la corriente oceánica fría de Humboldt (o Peruana), que lleva agua desde el Antártico. Por arriba del mar frío, el aire se enfría, se forman nubes y el aire pierde mucha humedad. A medida que el aire se dirige hacia el continente, las condiciones más templadas sobre la tierra lo calientan y se torna muy seco. Obligado a elevarse sobre los Andes, el aire que se enfría expulsa el vapor de agua que conserva, el cual se

El vapor de agua que queda en el aire fresco se condensa para formar nubes.

ANDE

El aire templado y seco se enfría al ser empujado sobre los Andes.

AVE FRAGATA

OCÉANO PACÍFICO

TORTUGA GIGANTE

IGUANA TERRESTRE

condensa, forma nubes y cae al suelo en forma de lluvia. El aire que desciende sobre el lado este de la cadena de montañas es tan seco que da como resultado condiciones casi desérticas. Por ejemplo, el desierto de la Patagonia, al este de los Andes.

La variedad de escenarios en Sudamérica es sorprendente. A cada lado de la cadena montañosa de los Andes hay desiertos que contrastan marcadamente con las selvas tropicales de Brasil. Además están las pampas, región de pastizales donde el clima no es favorable como para albergar selvas. Aquí los pastos y flores bajas crecen en condiciones que son similares a las de las praderas de Norteamérica.

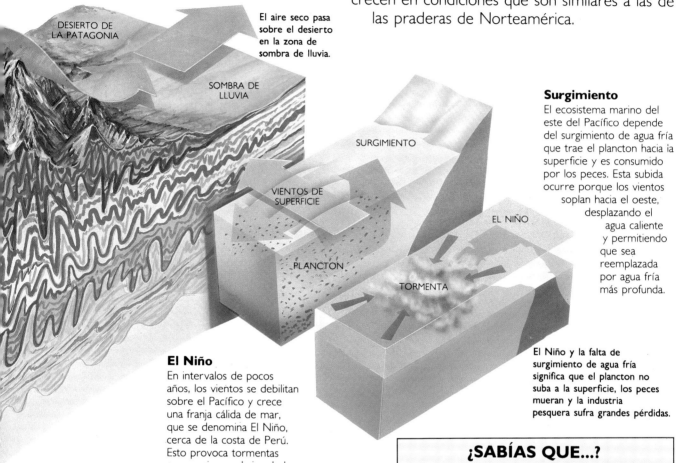

DESIERTO DE LA PATAGONIA

El aire seco pasa sobre el desierto en la zona de sombra de lluvia.

SOMBRA DE LLUVIA

SURGIMIENTO

VIENTOS DE SUPERFICIE

PLANCTON

EL NIÑO

TORMENTA

Surgimiento

El ecosistema marino del este del Pacífico depende del surgimiento de agua fría que trae el plancton hacia la superficie y es consumido por los peces. Esta subida ocurre porque los vientos soplan hacia el oeste, desplazando el agua caliente y permitiendo que sea reemplazada por agua fría más profunda.

El Niño y la falta de surgimiento de agua fría significa que el plancton no suba a la superficie, los peces mueran y la industria pesquera sufra grandes pérdidas.

El Niño

En intervalos de pocos años, los vientos se debilitan sobre el Pacífico y crece una franja cálida de mar, que se denomina El Niño, cerca de la costa de Perú. Esto provoca tormentas que succionan el aire de los alrededores. El aire mantiene el mar caliente al no haber agua fría.

Bosques en llamas

Con el objeto de conseguir alimentos convenientes en la selva, se usa desde hace largo tiempo una técnica de cultivo especializada conocida como cultivo rotativo (o agricultura en un claro y quemazón). Primero se abren tramos en la selva para el cultivo y luego la quema enriquece el suelo con sustancias nutrientes. Una vez que éstas se consumen totalmente, se hace necesario trasladarse a un área nueva. Las selvas tropicales pueden soportar en cierta medida estos métodos pero no pueden recuperarse de la destrucción en gran escala que ocurre a medida que aumenta la población.

¿SABÍAS QUE...?

Los monos sudamericanos, como el uakari, de cara colorada, tienen nariz ancha y chata, con los orificios hacia afuera y muy separados. Por lo común, los monos tienen nariz más angosta y con los orificios hacia arriba o abajo.

Las cataratas del Ángel, en el Río Caroní, Venezuela, son la caída de agua más alta del mundo. El agua cae desde una altura de 979 m hacia una garganta.

LAS SELVAS TROPICALES

Las selvas en desaparición

El talado de árboles en gran escala está aumentando debido a la demanda de madera por parte de las naciones industrializadas. Las consecuencias son evidentes: los pueblos cuya existencia depende de la selva están siendo obligados a abandonar sus territorios. Los árboles protegen la tierra, por eso de su eliminación resultan la erosión y anegamiento del suelo. El talado también destruye la vida silvestre y lleva a la extinción de muchas especies.

BOSQUES TROPICALES DAÑADOS O DESTRUIDOS DESDE 1940

BOSQUES TROPICALES, 1980

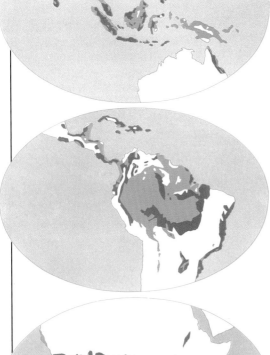

EN los trópicos siempre húmedos, la densa vegetación de la selva crece durante todo el año. Las principales áreas están en África, Sudamérica y el sudeste de Asia. Situada en el ecuador, contiene más de la mitad de las especies de plantas conocidas en el mundo. Está llena de vida, con criaturas que tienen cada una su grito característico, transformándola en un lugar excitante, vibrante y ruidoso, especialmente, durante la noche. La selva cambia constantemente. Sus altos árboles sostenidos por enormes raíces son derribados con frecuencia por rayos o por incendios, abriendo huecos en la vegetación que son llenados por nuevos plantines que se desarrollarán como árboles de 60 m de altura en cien años. Mientras tanto, nuevos huecos se van abriendo.

En el interior de la selva

Las selvas alojan gran cantidad de vida. Muchos animales viven en el suelo selvático que está cubierto de una capa de hojas frescas y otras en semidescomposición. Las bacterias y microorganismos segregan ácidos que desintegran esta materia y permiten que se mezcle con la tierra. Los minerales así aportados, sustentan la nueva vida vegetal.

Capas de la selva

El techo de la selva es una densa bóveda de árboles que reciben grandes cantidades de luz solar y humedad. Aquí se encuentran muchos de los primates selváticos, que gritan al descubrir la fruta fresca y madura. Los

árboles altos de madera dura, denominados emergentes, se alzan por encima de esta bóveda. Debajo, la selva se hace más oscura ya que penetra menos luz solar y los árboles no son tan altos. Hay epífitas, las lianas, que se enredan en los árboles.

Vista desde el aire, la selva se presenta desigual. Durante las glaciaciones del Pleistoceno, cuando las condiciones eran más frías y secas en los trópicos, las selvas se retrajeron a un área pequeña donde las plantas pudieran sobrevivir. Después de que la mayor parte del hielo se derritió y las regiones ecuatoriales se tornaron más cálidas, las selvas se extendieron. Hoy, la amenaza a su supervivencia viene del hombre en su demanda de madera y productos madereros, que lo lleva a talar los árboles. La selva es un delicado ecosistema, con sus redes alimentarias. La pérdida de un tipo de animal afecta a otros animales selváticos.

Ardillas voladoras

Cada tarde, a la hora del crepúsculo, las ardillas voladoras se embarcan en su peligroso viaje de árbol en árbol, sostenidas por delgados pliegues de piel. Se escabullen por los árboles altos, corren hasta el extremo de una rama sobresaliente y se lanzan en el aire. Así avanzan a través de la selva en busca de alimentos.

Animales y pájaros
1. Vencejo
2. Tucán
3. Mono araña
4. Tití
5. Aracanga escarlata
6. Boa arbórea
7. Perezoso de tres dedos
8. Mariposa morfo
9. Rana
10. Armadillo gigante
11. Escarabajo hércules

Camuflados

Para sobrevivir en la selva, algunos insectos y animales han desarrollado técnicas de camuflage. Pueden intentar aparecer invisibles ante las criaturas que se alimentan de ellos o a la espera de su sabroso alimento. Como una flor rosada, la mantis religiosa se confunde perfectamente con las plantas del lugar, esperando inmóvil a algún

insecto pasajero. De lejos, el bicho espina se ve como las espinas que cubren una planta y permanece oculto para posibles presas.

MANTIS RELIGIOSA

BICHO ESPINA

EUROPA

EL continente europeo es pequeño, está en segundo lugar después de Oceanía, pero sus rocas y clima variados dan origen a una diversidad de paisajes. En el norte hay montañas antiguas formadas por rocas volcánicas resistentes. Las montañas más jóvenes del sur, los Alpes, están compuestas de rocas sedimentarias plegadas. Extensas zonas de piedra caliza (roca sedimentaria) ocultan cuevas subterráneas espectaculares en muchas partes de Europa, mientras que en otras la piedra caliza ha sido disuelta y tallada por el agua para formar gargantas profundas de costados escarpados.

El clima de Europa se hace más estacional hacia el norte. En la región mediterránea es cálido y seco en verano, pero más fresco y húmedo en invierno. En el norte los inviernos pueden ser extremadamente fríos y los veranos bastante cálidos. Además, la longitud del día cambia a través del año. Al norte del Círculo Polar Ártico hay 24 horas de luz diurna en el solsticio de verano, pero en el solsticio de invierno el día permanece completamente oscuro durante 24 horas. Tales cambios influyen sobre los tipos de animales y plantas que pueden vivir en cada región. Por ejemplo, yendo hacia el sur desde el borde de los hielos polares, la vegetación natural cambia pasando de la tundra a los bosques de coníferas y, finalmente, a los bosques mediterráneos del extremo sur.

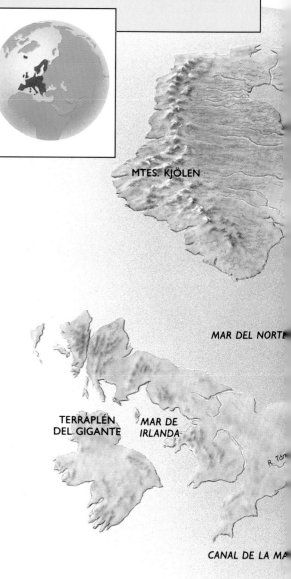

MTES. KJÖLEN

MAR DEL NORTE

TERRAPLÉN DEL GIGANTE   MAR DE IRLANDA

R. Tám

CANAL DE LA MA

1. A Islandia se la llama "tierra de hielo y fuego" ya que se pueden encontrar glaciares al lado de volcanes.
2. Finlandia es el país de Europa con mayor densidad de bosques, los dos tercios están cubiertos de árboles.
3. El cuarenta por ciento del terreno de los Países Bajos ha sido rescatado del mar. El punto más alto está a sólo 300 m sobre el nivel del mar.
4. Es posible viajar por río a través de Europa, desde el mar Negro hasta el mar del Norte, porque el Danubio está conectado con el Rin por un corto canal.
5. La cadena montañosa de los Pirineos forma una barrera natural entre la Península Ibérica y el resto de Europa.
6. Por cientos de años se ha extraído mármol de las canteras de Carrara. Esta hermosa piedra se usa para trabajos decorativos y en la construcción.
7. El estrecho del Bósforo, que divide la ciudad de Estambul, también separa los continentes de Europa y Asia.
8. Una famosa colonia de monos vive en el Peñón de Gibraltar, un promontorio de piedra caliza al sur de España. Los monos pueden haber sido llevados desde el norte de África por los romanos.

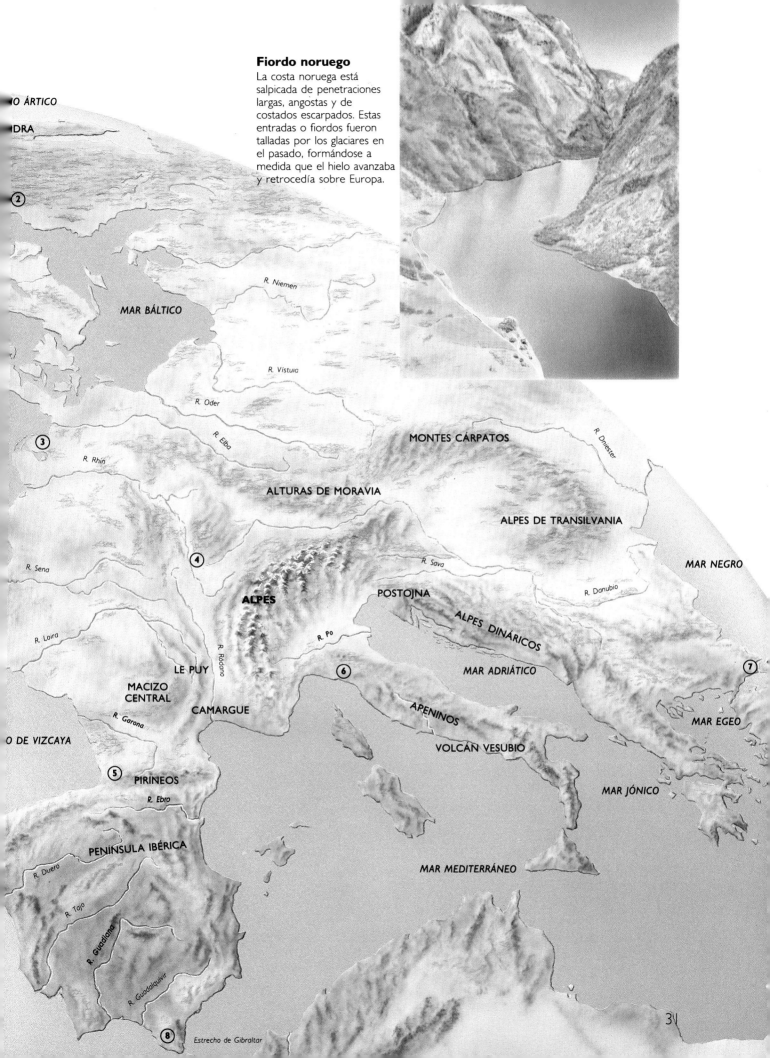

Fiordo noruego
La costa noruega está salpicada de penetraciones largas, angostas y de costados escarpados. Estas entradas o fiordos fueron talladas por los glaciares en el pasado, formándose a medida que el hielo avanzaba y retrocedía sobre Europa.

O ÁRTICO

DRA

②

MAR BÁLTICO

R. Niemen

R. Vístula

R. Oder

③

R. Rhin

R. Elba

MONTES CÁRPATOS

R. Dniester

ALTURAS DE MORAVIA

ALPES DE TRANSILVANIA

R. Sena

④

R. Sava

MAR NEGRO

ALPES

POSTOJNA

R. Danubio

R. Loira

R. Po

ALPES DINÁRICOS

⑦

LE PUY

⑥

MAR ADRIÁTICO

R. Ródano

MACIZO
CENTRAL

CAMARGUE

APENINOS

MAR EGEO

R. Garona

O DE VIZCAYA

VOLCÁN VESUBIO

⑤ PIRINEOS

MAR JÓNICO

R. Ebro

PENÍNSULA IBÉRICA

R. Duero

MAR MEDITERRÁNEO

R. Tajo

R. Guadiana

R. Guadalquivir

31

⑧ Estrecho de Gibraltar

Glaciares alpinos

En muchas montañas alpinas el hielo forma glaciares cuando la nieve se derrite y se vuelve a congelar. Cada año, al agregarse una nueva capa de nieve, el mayor peso arrastra el hielo a través de los valles. Encerrado en el valle, el glaciar raspa los costados de la montaña, destruyendo la roca en un polvo fino. Al

correr el glaciar alrededor de rocas prominentes, enormes cuevas de hielo se forman debajo del mismo. En algunos lugares es posible sentarse en las cuevas y observar el hielo que pasa.

La nieve de los Alpes puede ser sumamente peligrosa cuando se desliza por las pendientes montañosas. Las avalanchas comienzan cuando la nieve se acumula rápidamente o en el período de deshielo en primavera, iniciando una reacción en cadena. Un peso inmenso de nieve puede precipitarse por la ladera de la montaña a más de 250 km/h, rodeado por una nube de nieve en polvo.

Europa está separada de África por el mar Mediterráneo. Las placas europea y africana chocaron y formaron los Alpes en el sudoeste de Europa. El movimiento continuo de estas placas también provocó terremotos en Italia, Yugoslavia y Grecia, y formó los montes Atlas en el noroeste de África. La isla de Creta en el Mediterráneo, que descansa donde las placas se unen, se ha ido inclinando lentamente debido al continuo movimiento de la corteza. El borde oeste de la isla tiene líneas costeras levantadas, mientras que los puertos del este, construidos por los antiguos romanos, se han hundido en el mar.

Las costas de Europa varían notablemente. En el norte de España hay acantilados rocosos y escarpados y en el sur de Francia encontramos los pantanos bajos de la Camargue. Gran Bretaña tiene muchos acantilados de roca blanda que se deslizan hacia el mar.

La Camargue

EN el sur de Francia, donde el río Ródano desemboca en el Mediterráneo, hay una vasta zona pantanosa de lagos que contienen tanto agua dulce como salada. Es la Camargue, un sitio importante en que los pájaros procrean y pasan el invierno. Las lagunas están ocupadas por enormes colonias de pájaros, incluyendo flamencos, garzas moradas (abajo, izquierda) y golondrinas de mar. Cientos de pequeñas ranas arbóreas también viven en los juncales cercanos.

Entre los diversos animales que se encuentran vagando en el delta, hay manadas de potros salvajes. Son hermosos, de color negro, colorado o marrón en su nacimiento, que se torna blanco al acercarse a su estado adulto.

GARZA MORADA

El Terraplén del Gigante

Más de 40.000 columnas hexagonales de más de 15 m de alto forman el Terraplén del Gigante en Irlanda del Norte. La actividad volcánica provocó la formación del Terraplén del Gigante cuando la roca fundida salió hacia la superficie de la tierra y se desparramó sobre el terreno en forma de lava, se contrajo y quebró para formar los hexágonos que vemos hoy. La lava delgada que fluye libremente y formó el Terraplén del Gigante, se· denomina basáltica. La lava más espesa, andesítica, forma conos volcánicos de costados abruptos al no poder fluir demasiado, y se solidifica como granito, una roca dura y resistente.

Le Puy

La roca derretida que escapa hasta la superficie de la tierra y se solidifica es muy resistente; puede introducirse en un orificio y formar una clavija al endurecerse. El término "puy" significa clavija en francés. Este tipo de accidentes es común en el sur y centro de Francia. La vieja roca resistente se eleva sobre el terreno que la rodea, al haber sido éste desgastado más rápidamente que la roca.

Peligro en el mar

LOS 430 mil millones de toneladas de aguas servidas que se descargan en el Mediterráneo constituyen un peligro para la vida marina. La carpa dientuda de Valencia, que vive a lo largo de la costa este de España, está casi extinguida. Animales como la foca se ven amenazados por otros productos de desecho.

CARPA DIENTUDA DE VALENCIA

FOCA

Pueblos en desaparición

La erosión costera es un problema en muchas partes de Europa. Pueblos enteros —aún estando construidos lejos de la línea costera— pueden desaparecer debido al desgaste del terreno por el mar, que en algunos lugares alcanza hasta un metro por año. Varios factores se combinan para provocar tan rápida pérdida de terreno. Por ejemplo, los acantilados, formados por roca muy blanda en situación muy expuesta, pueden sufrir una erosión peligrosamente rápida.

Atrapado en ámbar

A veces se encuentran insectos de hace miles de años preservados en ámbar, la resina fósil de árboles antiguos. Esta araña vivió en los bosques de pino del Báltico durante el período Pleistoceno.

Durante la última edad de hielo, el gran peso del mismo hizo que el norte de Europa se hundiera levemente en el manto fluido de la Tierra.

Cuando el hielo se derritió, al final de dicha edad, la tierra se liberó de su pesada carga y gradualmente comenzó a levantarse. Hace 10.000 años, el hielo ya había abandonado Europa, pero el terreno tardó tanto en elevarse que parte del norte de Escandinavia todavía se está levantando, en algunos lugares hasta 5 mm por año.

Cadena Atlántica Media

La cadena volcánica Atlántica Media atraviesa el centro de Islandia en el Atlántico norte. Aquí las placas se están separando, abriendo fisuras en la corteza que permiten la salida de lava volcánica a la supericie. Islandia está cúbierta de volcanes en erupción y la cercana isla volcánica de Surtsey surgió en el mar en 1963. El agua, que se calienta por el magma que está debajo de Islandia, se eleva como una burbuja de vapor en Strokkur y sale bruscamente a transformarse en el géiser más grande de Islandia.

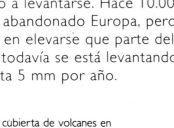

Escenario de piedra caliza

A simple vista, un escenario de piedra caliza suele aparecer marcado por plataformas de roca desnuda, con poca agua, debido a que las corrientes fluyen bajo tierra. Es debajo de la superficie que los escenarios de piedra caliza son más impresionantes, con cuevas, canales y depósitos ornados de calcita. Se conocen 7000 cuevas en Yugoslavia, Croacia y Serbia, y la más extensa, en Postojna, llamada Sala de Concierto, con unas espectaculares estalactitas y estalagmitas.

El agua de lluvia es levemente ácida y puede disolver el carbonato de calcio de la piedra caliza. Al penetrar el ácido en la roca desgasta las paredes

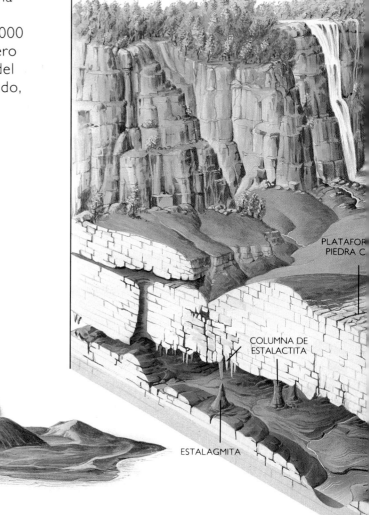

PLATAFOR
PIEDRA C.

COLUMNA DE
ESTALACTITA

ESTALAGMITA

Migración del salmón

CADA año, en el Atlántico norte, el salmón realiza dos o tres largas migraciones desde el océano hasta el río a fin de desovar. El territorio de desove del salmón se ha visto reducido por la pesca y por la contaminación de los ríos en países industrializados.

Como consecuencia, el salmón ha desaparecido completamente de los ríos de Alemania, sur de Inglaterra y Nueva Inglaterra. En un intento por conservarlo, se ha decretado ilegal la pesca en gran escala.

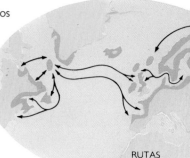

RUTAS
MIGRATORIAS

ensanchando las grietas y abriendo canales. Extensas zonas de roca son disueltas para formar cuevas profundas bajo tierra. Si el agua toma más carbonato de calcio del que puede llevar, parte de éste se precipitará para formar estalactitas y estalagmitas al caer desde el techo y paredes de la cueva. Con el tiempo el techo puede derrumbarse dejando al descubierto gargantas de paredes escarpadas y pequeñas corrientes sobrecargadas de carbonato de calcio.

Sol de medianoche

La tierra de los lapones, en Suecia, se conoce también como la "tierra del Sol de medianoche" porque el Sol nunca se pone en los días de solsticio de verano. En cambio, en invierno, el Sol apenas aparece y oscurece muy temprano. Esta variación de la luz durante el día es porque la Tierra se inclina en su órbita alrededor del Sol.

El paisaje del norte y este de Europa va desde la tundra hasta los bosques boreales más al sur. Hacia el este del continente, lejos del mar, el clima se hace más seco y las praderas reemplazan a los bosques.

Muchos países de Europa están altamente industrializados, por eso la contaminación es un gran problema, ya que afecta la vida silvestre y daña los bosques. Miles ya han sido derribados para aprovechar la madera y para dejar el terreno libre para la agricultura. Debido a esto, la mayor parte de los bosques de árboles caducos ha desaparecido completamente.

GARGANTA DE PIEDRA CALIZA

DESAGÜE

CORRIENTE SUBTERRÁNEA

Las formas intrincadas de calcita que se hallan en las cuevas de piedra caliza tardan miles de años en formarse.

Lluvia ácida

Las emanaciones de dióxido de azufre de las plantas industriales causan serios efectos sobre la ecología en muchas zonas. El dióxido de azufre se combina fácilmente con el agua de lluvia y forma un ácido sulfúrico diluido, que es más ácido que el vinagre. Las altas chimeneas expulsan gases hacia la troposfera, desde donde son llevados a grandes distancias. Las corrientes de aire provenientes del oeste que pasan sobre Europa llevan las emanaciones ácidas de un país a otro. Los efectos más serios se sienten donde el suelo es delgado y por sí ácido, con frecuencia donde crecen bosques de coníferas. Los árboles se atrofian y la acidez llega hasta los ríos y lagos dañando la vida animal y vegetal.

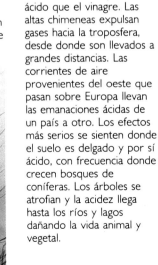

ASIA

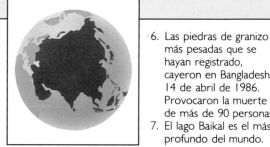

EL inmenso continente asiático posee un gran número de accidentes geográficos que superan los mayores registros del mundo. Dentro de sus 43 millones de kilómetros cuadrados están la montaña más alta, el lago más profundo, el mar interior más extenso, el tercer río más largo y la tercera isla más extensa del mundo. Desde la cima del monte Everest hasta el fondo del Lago Baikal la diferencia de altura es de más de 10,5 km. De oeste a este, Asia se extiende desde la península arábiga hasta el archipiélago de Indonesia, una distancia de más de 8000 km. Un archipiélago es un grupo de islas y el de Indonesia contiene más de 13.000, diseminadas en el sudoeste del Pacífico.

El choque de las placas India y Euroasiática ha enlazado y comprimido las rocas en Asia, elevándolas a más de 8 km para formar la cadena montañosa del Himalaya. Estas montañas todavía están formándose debido a que la placa India continúa su movimiento hacia el norte. Sin embargo, si bien el movimiento de las rocas hacia arriba continúa, lo mismo sucede con el movimiento hacia abajo resultante de la acción del agua y el hielo, que rápidamente erosiona los picos.

5. Nepal está en el Himalaya, y un 90 por ciento de su superficie está formado por las laderas de las montañas. Algunos creen que allí vive el yeti.

6. Las piedras de granizo más pesadas que se hayan registrado, cayeron en Bangladesh el 14 de abril de 1986. Provocaron la muerte de más de 90 personas.

7. El lago Baikal es el más profundo del mundo. Alcanza casi 2 km de profundidad.

1. El mar Caspio es el mar interior más extenso del mundo. Cubre una superficie de 371.000 kilómetros cuadrados.

2. El mar Muerto es siete veces más salado que los océanos. Su costa está a 395 m debajo del nivel de mar.

3. No hay lagos o ríos en Kuwait. Este país es totalmente desierto.

4. Donde primero se descubrió petróleo fue en Bahrain en 1932, el primer estado del golfo Pérsico que llegó a ser rico en petróleo.

8. El rio Yangtse es el tercero en el mundo por su longitud, después del Nilo y del Amazonas.

9. Las islas montañosas de Japón, en el océano Pacífico, son islas volcánicas, cubiertas de bosques caducos naturales en el norte.

10. Hay 60 volcanes activos en Indonesia; muchos de ellos están habitados en sus pendientes.

11. La isla de Borneo es la tercera en el mundo por su extensión.

URALES

R. Volga   R. Ural

MAR DE ARAL

MAR CASPIO

MAR NEGRO

HINDU KUSH

ANATOLIA

DASHT-E-KAVIR

R. Éufrates   R. Tigris

R. Indo

DESIERTO DE THA

DESIERTO DE SIRIA

GOLFO PÉRSICO

MAR ARÁBIGO

PENÍNSULA ARÁBIGA

MAR ROJO

Los manantiales de Pamakkale

Los manantiales de Pamakkale se hallan en Anatolia, al oeste de Turquía. Constituyen un paisaje sorprendente para cualquier viajero al caer como una cascada helada en una serie de escalones. Los blancos acantilados están compuestos de carbonato de calcio. Fuentes termales que burbujean y lanzan borbotones de agua caliente lo disuelven de la roca circundante, y cuando esta agua se enfría y se vuelca por el borde del acantilado, deja su carga, agregando permanentemente nuevas capas a la roca.

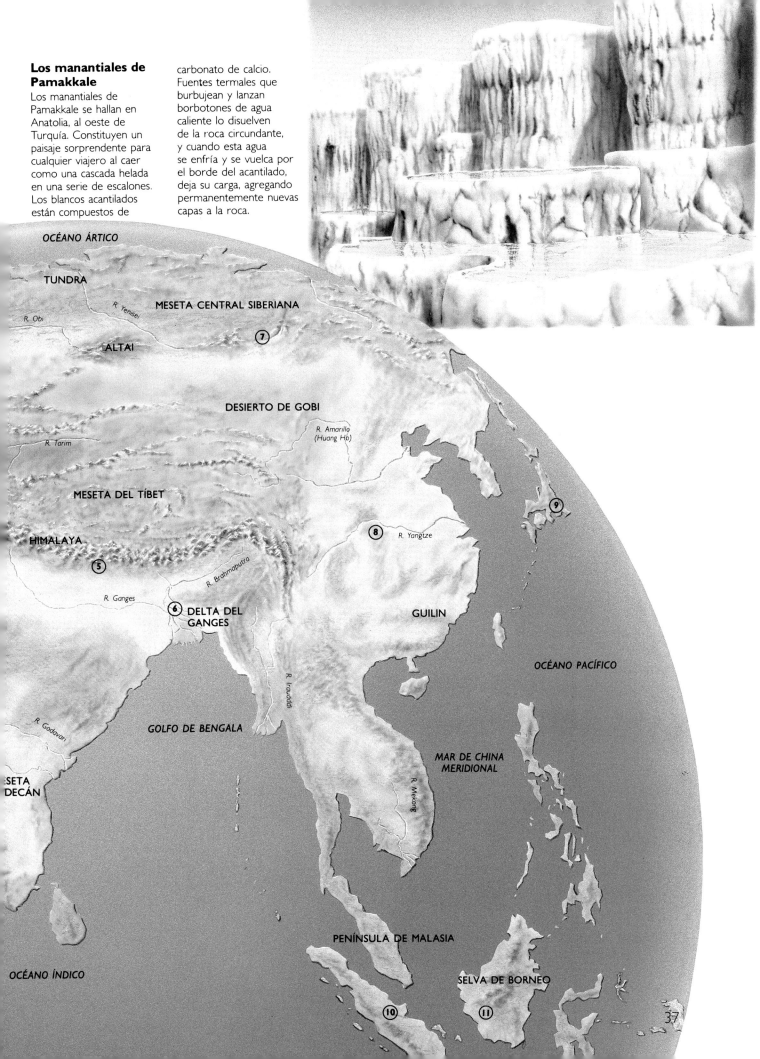

OCÉANO ÁRTICO

TUNDRA

MESETA CENTRAL SIBERIANA

R. Obi

R. Yenisei

ALTAI

⑦

DESIERTO DE GOBI

R. Amarillo
(Huang Ho)

R. Tarim

MESETA DEL TÍBET

HIMALAYA

⑧   R. Yangtze

⑤

R. Brahmaputra

R. Ganges

⑥ DELTA DEL GANGES

GUILIN

⑨

OCÉANO PACÍFICO

R. Irrawaddi

R. Godavari

GOLFO DE BENGALA

ESETA DECÁN

MAR DE CHINA MERIDIONAL

R. Mekong

OCÉANO ÍNDICO

PENÍNSULA DE MALASIA

SELVA DE BORNEO

⑩

⑪

Haboobs

En Arabia las tormentas de arena y polvo son comunes. Se las conoce como haboobs, término que deriva de la palabra árabe "haab" que significa "soplar Vientos de una velocidad de 25 km/h mueven gran cantidad de arena.

El extremo oeste de Asia está constituido por Medio Oriente y la Península arábiga. La mayor parte de la región es desértica, aunque los ríos Tigris y Éufrates atraviesan fértiles llanuras. En la Península arábiga no hay corrientes de agua permanentes y la misma debe ser extraída de pozos que se excavan profundamente hasta llegar a napas subterráneas. El nivel de evaporación es alto debido al calor y hay una constante necesidad de agua para riego. Algunos de los desiertos más ardientes del mundo, como el Dasht-e-Kavir y Rub al-Khali se encuentran en esta región. Omán, al

Un mar en desaparición

Uno de los peores desastres ambientales del siglo XX es el achicamiento del mar, o lago, de Aral. Desde 1960, cuando se empezó a extraer el agua para irrigar el desierto circundante para la producción de algodón, más del 40 por ciento de su superficie ha desaparecido. Más de 28.500 km

cuadrados de la plataforma marítima son hoy un páramo de arena y sal. La gente que vive en las cercanías sufre de enfermedades respiratorias y de cáncer de garganta por el polvo. El próspero comercio pesquero de otros tiempos ya no existe y los barcos permanecen abandonados en las riberas del lago.

Contaminación por la Guerra del Golfo

EL golfo Pérsico es una de las vías marítimas más contaminadas del mundo. La supervivencia en sus aguas saladas y cargadas de petróleo es difícil. En las aguas poco profundas de su costa oeste prosperan las algas, que son el sustento de muchos peces. Pero las corrientes marinas y los vientos del noroeste empujan las aguas contaminadas a las costas sauditas, donde se depositan. En 1991, durante la Guerra del Golfo, el perjuicio alcanzó niveles increíbles por el derramamiento de petróleo. Algunas manchas

1960

1971

1987

...anzaron más de 1 km de ...go y casi 1 m de ...ofundidad, provocando la ...uerte de los cormoranes y ...menazando los frágiles ...recifes de coral. Al estar ...s pozos petroleros en ...mas, el terreno sufrió el ...lor abrasador y muchos ...nimales perecieron.

ÁREAS DEL
CORMORÁN Y
GOLONDRINA DE MAR

NIDOS DE TORTUGAS

MANCHA DE PETRÓLEO

este de la Península, es uno de los países más cálidos del mundo. Las temperaturas alcanzan los 54°C. El calor, los suelos secos y los fuertes vientos de la región se combinan con frecuencia produciendo tormentas de polvo que dañan los cultivos y barren los suelos destinados a la agricultura. A pesar de la aridez del terreno, Medio Oriente disfruta de una considerable riqueza, basada en las grandes reservas petrolíferas de la región.

Formación del petróleo

El petróleo y el gas natural se forman de los hidrocarburos. Todos los organismos contienen algunos hidrocarburos y cuando organismos muertos se depositan, generalmente en la plataforma del mar, los hidrocarburos se concentran y comprimen. Éstos se pueden presentar líquidos (petróleo) o como gases (gas natural). Al comprimirse, ambos escapan a través de los poros de rocas permeables, pero si llegan a una barrera impermeable como una capa de pizarra, no pueden seguir avanzando y entonces se convierten en una valiosa fuente de combustible como en muchas partes de Medio Oriente.

ROCA IMPERMEABLE

ROCA POROSA

Las sales del mar Muerto

En los contornos del mar Muerto hay cristales de sal acumulados que recubren las rocas. Al recibir una constante provisión de sales desde el interior de la tierra, el agua del mar no puede contenerlas y gran parte de ellas se solidifican.

¿SABÍAS QUE...?

Las dunas del desierto pueden tener forma de estrellas. Se debe a los vientos que las extienden en diferentes direcciones.

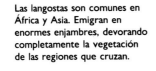

Las langostas son comunes en África y Asia. Emigran en enormes enjambres, devorando completamente la vegetación de las regiones que cruzan.

Elefantes africanos

A principios de siglo, los elefantes vagaban por vastas zonas del continente africano. Se los encontraba desde el extremo sur del desierto de Sahara hasta las selvas ecuatoriales y en Sudáfrica. Hoy viven en unos pocos bolsones aislados, empujados por la amenaza de la caza ilegal. Como reacción por la caza y comercio ilegal de marfil, se quemó públicamente una pila de colmillos en Kenia, en 1989.

CADA vez somos más conscientes de las muchas maneras en que la actividad humana amenaza ciertas especies animales. Durante millones de años, se cazaron animales para proveer de alimentos y vestimenta. La caza excesiva ha conducido a una importante disminución de especies, incluyendo los rinocerontes de África y los narvales del Ártico. Existen todavía alrededor de cien tamarinos leonados, aunque gran parte de su hábitat selvático ha sido destruido por el fuego y muchos tamarinos fueron capturados y vendidos. La destrucción de los hábitats naturales en favor de la agricultura, la industria, la urbanización y el transporte ha contribuido a llevar a muchos animales al límite de la extinción.

Las zonas del mapa en marrón claro indican la extensión ocupada por el elefante a principios de siglo. El marrón oscuro muestra la situación actual.

Desafío animal

A medida que los seres humanos alteran el medio ambiente, los animales cambian para adaptarse a las nuevas condiciones. Algunos generan resistencia a sustancias nocivas, otros aprenden a alimentarse con diferentes alimentos, y unos pocos simplemente desarrollan la capacidad de correr rápidamente o usan nuevas habilidades para

① ④ ⑤

Tigre de Tasmania

Este tigre, actualmente extinguido, era pariente del canguro y muy común en Tasmania. Muchos murieron enfermos, mientras que otros fueron muertos por los cazadores. En 1936, el último tigre de Tasmania del que se tuviera referencia, murió en un zoológico.

evitar que los maten. Pero algunos no pueden hacerles frente y se extinguen. Por eso, a fin de defender las especies amenazadas, es necesario crear condiciones a las que ellos se adapten.

Animales en peligro
Algunos de los muchos animales en peligro de extinción:
1. Tamarino leonado
2. Kakapo
3. Rinoceronte blanco
4. Autillo
5. Puma
6. Tapir malayo
7. Narval

El autillo disminuyó su número debido a la reducción de su hábitat. El kakapo, un tipo de loro de Nueva Zelanda, está amenazado por el pastoreo de ciervos que daña su medio al destruir la vegetación. El kakapo es único porque, a diferencia de otros loros, no vuela. El puma, o león americano, es ahora escaso por su caza excesiva en el pasado. Otro animal en peligro es el tapir malayo que vive en las selvas del sudeste de Asia.

Se llegaron a cazar casi 30.000 cachalotes por año y ahora solamente se ven en pequeños grupos de casi 10. La foca monje fue común en una época en todo el Mediterráneo y el mar Negro. Pero ahora hay menos de 500 en existencia y aunque está protegida de la caza, todavía sufre por el desarrollo del turismo en las costas mediterráneas.

Ballena azul
La ballena azul puede vivir en todos los océanos. Es el animal más grande del mundo: tiene el peso de 30 elefantes y crece hasta 30 m de largo. Al nacer la ballena azul pesa 7 toneladas. Los cazadores matan muchas cada año, por eso hoy son escasas. Quedan sólo 10.000 de las 100.000 que existían.

Los riesgos de los basurales
El oso polar blanco vive en las regiones frías del Ártico. Hasta ahora ha logrado sobrevivir al ataque persistente de la actividad humana, pero con la invasión de sus hábitats por el hombre, se crearon serios problemas. La contaminación y la acumulación de desechos pueden conducir fácilmente a que estos animales sufran heridas o enfermedades.

Algunos de los ríos más grandes del mundo se originan en el Himalaya. El Yangtse y el río Amarillo fluyen de norte a este a través de China; el Ganges y el Brahmaputra llegan al mar a la altura de Calcuta. El Himalaya también tiene glaciares que se derriten rápidamente en la primavera, enviando torrentes de agua por las laderas de las montañas. Los grandes ríos erosionan las abruptas pendientes montañosas y llevan trozos de roca hacia el mar, rompiéndolos en partículas cada vez más pequeñas a medida que se deslizan. Al llegar cerca del mar, el flujo de las aguas se hace más lento y las pequeñas partículas se asientan formando un delta, como el del Ganges, en Calcuta.

Himalaya

EL choque entre las placas India y Euroasiática ocurrió entre 40 y 60 millones de años atrás. Originó la más extensa cadena de montañas del mundo, el Himalaya, que se extiende por más de 12.000 km. La sección de la corteza que conocemos como la India se abrió paso hacia la corteza Euroasiática. El empuje fue enorme, provocando que se elevara, quebrara y doblara la roca que, anteriormente, había estado debajo del mar que cubría la región. La India continúa en la actualidad

Inundaciones

Bangladesh está situada en la parte baja del delta del río Ganges. La zona está densamente poblada y las inundaciones que arrasan la región provocan la muerte de miles de personas. Las inundaciones se deben a las intensas lluvias que caen durante las estaciones del monzón y que causan la crecida del río. En la bahía de Bengala las tormentas también provocan devastadoras inundaciones.

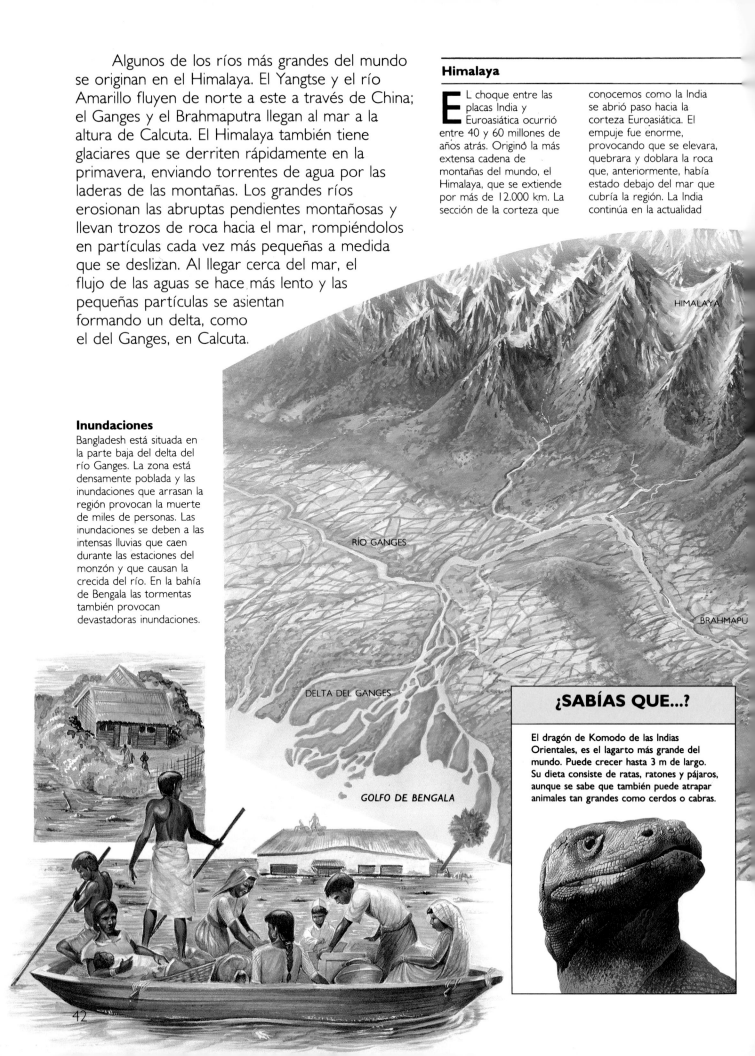

HIMALAYA

RÍO GANGES

BRAHMAPU

DELTA DEL GANGES

GOLFO DE BENGALA

¿SABÍAS QUE...?

El dragón de Komodo de las Indias Orientales, es el lagarto más grande del mundo. Puede crecer hasta 3 m de largo. Su dieta consiste de ratas, ratones y pájaros, aunque se sabe que también puede atrapar animales tan grandes como cerdos o cabras.

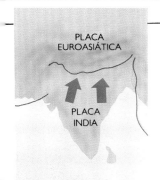

chocando hacia Eurasia, aunque a un ritmo más lento, lo cual provoca terremotos que amenazan toda la región del Himalaya, y generando destructivos derrumbes que acarrean gran cantidad de materiales, montaña abajo, hacia los ríos.

El extremo sudeste de Asia está constituido por varias cadenas de islas volcánicas que se formaron donde chocan las placas India, Pacífico y Euroasiática. Algunas de estas islas, como las Filipinas, son parte del "Gran Anillo de Fuego del Pacífico", línea de actividad volcánica.

La isla de Java tiene 150 volcanes, de los cuales 50 están activos. La isla volcánica de Krakatoa, que se encuentra entre Sumatra y Java, ha padecido erupciones sucesivas.

Monte Everest

El monte Everest está en el extremo este del Himalaya y es la montaña más alta del mundo. Se eleva entre las nubes hasta una altura de 8848 m. Su cima fue por mucho tiempo el objetivo de los alpinistas. Los primeros que la alcanzaron fueron el famoso explorador Sir Edmund Hillary y el sherpa Tenzing Norgay. Después de muchas expediciones riesgosas, Reinhold Messner fue el primero que llegó a la cima, sólo en 1980, sin radio ni tanque de oxígeno.

Un fogoso pasado

La cadena de islas volcánicas, de 3000 km de largo, que forma Indonesia, se encuentra en el límite entre las placas India, Euroasiática y Pacífico. Una de sus islas, Krakatoa, surgió del mar, se hundió y volvió a formarse varias veces en su historia. La isla que actualmente vemos está a unos 200 m sobre el nivel del mar, habiendo surgido en una explosión volcánica, en 1927.

KRAKATOA   416   1883   1985

El monte Fuji

El pico más alto de Japón, el monte Fuji, entró en erupción por primera vez hace 10.000 años. Sepultados bajo su superficie están los restos de dos volcanes anteriores, el Komi-Take, que se formó hace 300.000 años, y el Viejo Fuji, que apareció hace 60.000 años. El nuevo monte Fuji estuvo en erupción diez veces, desde el año 800. La última vez fue en 1707. A través de los años, esta austera montaña ha sido venerada por el pueblo japonés.

La aflicción de China

EL río Amarillo, o Hoang Ho, de China, recorre 4000 km desde su nacimiento, en las pendientes al norte del Himalaya, hasta su desembocadura en el golfo de Chihli. Transporta 16 mil millones de toneladas de sedimentos cada año. La carga del río proviene de dos fuentes: de una zona de materia fácilmente erosionable, denominada loess, por donde corre el río, y de la erosión del suelo desprotegido a causa de la falta de vegetación.

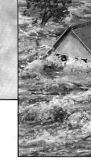

Hacia el norte y el este, el continente asiático se dilata en una vasta región. En el extremo norte estan las tierras heladas de Siberia. Al sur, está la tundra, que se extiende en una franja de oeste a este. Aquí la tierra está helada durante la mayor parte del año. En el breve verano, hay un leve derretimiento de la superficie. Los días son muy cortos en invierno y muy largos en verano. Al sur de la tundra hay una franja de bosques de coníferas, más al sur, sobre la costa este, una zona de bosques caducos. En el interior de Asia existe una extensa zona de pastizales: la estepa, donde las condiciones son más secas.

Los montes Guilin

Los hermosos montes Guilin del sur de China muestran el poderoso efecto que el agua puede tener en un paisaje de roca caliza. El carbonato en la piedra caliza es disuelto fácilmente por el agua de lluvia ácida. Las grietas y planos estratificados forman pasajes a través de la roca que permiten que el agua se cuele y disuelva la roca desde adentro. Las grietas se agrandan y forman huecos, que luego se convierten en grandes cuevas subterráneas. Con el tiempo, caen los techos de ellas dejando gargantas de costados abruptos, separados por picos montañosos. La región de Guilin ha inspirado a poetas y artistas durante muchos años.

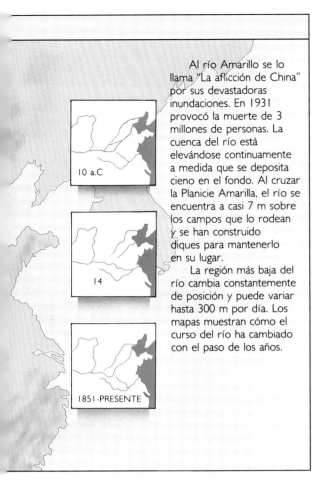

Al río Amarillo se lo llama "La aflicción de China" por sus devastadoras inundaciones. En 1931 provocó la muerte de 3 millones de personas. La cuenca del río está elevándose continuamente a medida que se deposita cieno en el fondo. Al cruzar la Planicie Amarilla, el río se encuentra a casi 7 m sobre los campos que lo rodean y se han construido diques para mantenerlo en su lugar.

La región más baja del río cambia constantemente de posición y puede variar hasta 300 m por día. Los mapas muestran cómo el curso del río ha cambiado con el paso de los años.

Shilin

Uno de los paisajes más atractivos que se encuentran en China está en los alrededores de Shilin en la provincia de Yunnan. El agua ha disuelto la roca para formar un conjunto de torres de puntas agudas, que varían de 5 a 30 m de altura. Conocido como el Bosque de Piedras, es un laberinto de pilares de piedra caliza, hondonadas, árboles y estanques de agua. Las rocas calizas asemejan imágenes vivientes y algunas de ellas han recibido imaginativos nombres como "Fénix alisándose las plumas".

¿SABÍAS QUE...?

Los inteligentes macacos han aprendido a sobrellevar el frío sentándose en las aguas templadas de vertientes volcánicas, con el agua hasta el cuello. Cuando nieva sus cabezas se cubren con varios centímetros de nieve.

Una vertiente caliente de Beppau, Japón, se llama el Estanque Sangriento del Infierno, por su color rojo brillante. El color se debe al óxido de hierro disuelto en sus aguas.

Unos pocos sobrevivientes

Hay menos de mil pandas gigantes que sobreviven en los bosques de bambú, del sudoeste de China. El bambú es su alimento principal pero, frente a la competencia con los seres humanos, su hábitat natural y su fuente de alimentación están amenazados desde hace muchos años. El bambú es una de las plantas más útiles del mundo.

Los chinos la han usado por más de 2000 años para fabricar cañas de pescar, muebles y andamios.

El corazón de Asia central es desértico como el famoso desierto de Gobi, en China. Al sur corre el río Amarillo, cayendo desde las alturas del Himalaya. Estas espectaculares montañas se elevan en el extremo sur del desierto. Muchos de sus picos llegan a alturas de 6000 m. La meseta tibetana se encuentra al norte del Himalaya, y a más de 4800 m. Hacia el sur el nivel del suelo baja nuevamente, el clima se torna más templado y húmedo, la vegetación se convierte en pastizales y, finalmente, en selva cerca del ecuador.

OCEANÍA

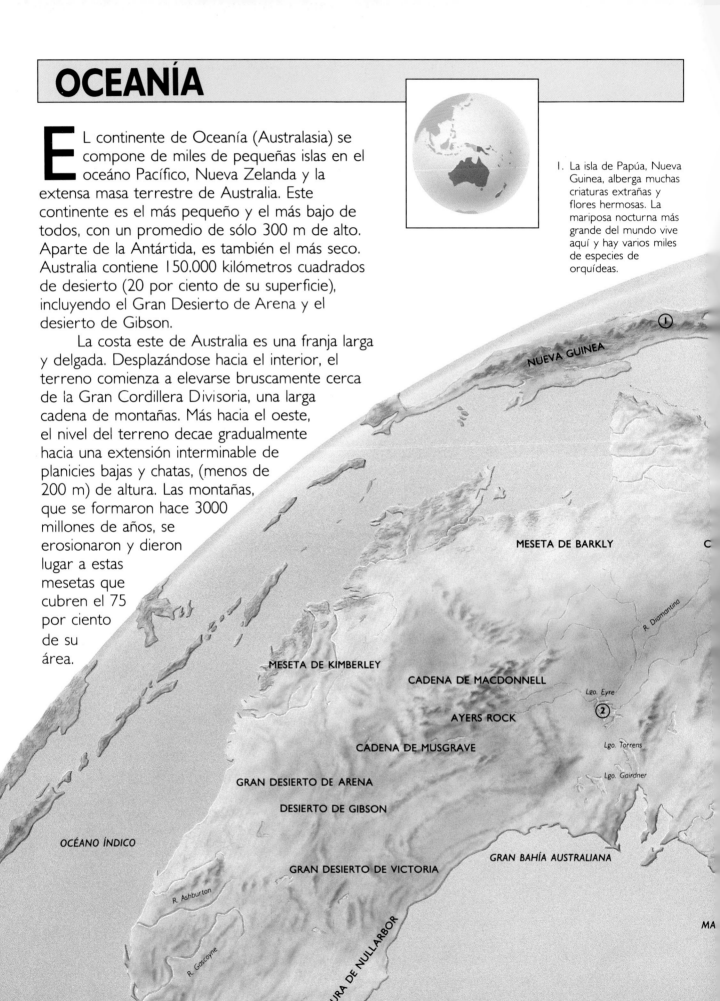

EL continente de Oceanía (Australasia) se compone de miles de pequeñas islas en el oceáno Pacífico, Nueva Zelanda y la extensa masa terrestre de Australia. Este continente es el más pequeño y el más bajo de todos, con un promedio de sólo 300 m de alto. Aparte de la Antártida, es también el más seco. Australia contiene 150.000 kilómetros cuadrados de desierto (20 por ciento de su superficie), incluyendo el Gran Desierto de Arena y el desierto de Gibson.

La costa este de Australia es una franja larga y delgada. Desplazándose hacia el interior, el terreno comienza a elevarse bruscamente cerca de la Gran Cordillera Divisoria, una larga cadena de montañas. Más hacia el oeste, el nivel del terreno decae gradualmente hacia una extensión interminable de planicies bajas y chatas, (menos de 200 m) de altura. Las montañas, que se formaron hace 3000 millones de años, se erosionaron y dieron lugar a estas mesetas que cubren el 75 por ciento de su área.

1. La isla de Papúa, Nueva Guinea, alberga muchas criaturas extrañas y flores hermosas. La mariposa nocturna más grande del mundo vive aquí y hay varios miles de especies de orquídeas.

NUEVA GUINEA

MESETA DE BARKLY

R. Diamantina

MESETA DE KIMBERLEY

CADENA DE MACDONNELL

Lgo. Eyre

AYERS ROCK

CADENA DE MUSGRAVE

Lgo. Torrens

Lgo. Gairdner

GRAN DESIERTO DE ARENA

DESIERTO DE GIBSON

OCÉANO ÍNDICO

GRAN BAHÍA AUSTRALIANA

GRAN DESIERTO DE VICTORIA

R. Ashburton

R. Gascoyne

LLANURA DE NULLARBOR

46

Bora Bora

Las islas de Polinesia se encuentran al sur del océano Pacífico, a muchos miles de kilómetros de cualquier continente. Son islas volcánicas que surgieron del mar en erupciones espectaculares. Muchas están rodeadas de hermosos arrecifes de coral. La isla de Bora Bora se encuentra en el archipiélago de las Islas Sociedad. Tiene un cono volcánico central y está separada de un impresionante arrecife por una laguna poco profunda.

OCÉANO PACÍFICO

MAR DE CORAL

BARRERA DE ARRECIFES

GRAN CORDILLERA DIVISORIA

LWYN

2. El lago Eyre es el más grande de Oceanía. Cuando crece, cubre 8900 kilómetros cuadrados, pero durante la mayor parte del año es una cuenca seca pues gran parte del agua se evapora con el calor.

3. Nueva Zelanda es una isla remota. Ha desarrollado sus propias especies de plantas que no se encuentran en ningún otro lugar, como por ejemplo, los helechos arbóreos que crecen hasta 15 m de altura.

4. El monte Cook en la Isla Sur de Nueva Zelanda es la montaña más alta de Oceanía, con 3764 m.

Los géiseres de Nueva Zelanda

Los géiseres reciben ese nombre de una palabra islandesa que significa "surgir a borbotones". El agua es calentada a punto de ebullición por las rocas que se encuentran debajo de la tierra, provocando que salga impulsada en chorros de cientos de metros de altura.

Los géiseres se hallan en todo lugar donde haya agua que pueda penetrar en la fuente de calor geotermal, hasta 5 km bajo tierra. En Nueva Zelanda hay muchos géiseres, incluyendo uno que marcó un récord al lanzar un chorro a 450 m e impulsar una piedra de casi 300 kg a más de 500 m de distancia.

CUENCA DE MURRAY-DARLING

ALPES AUSTRALIANOS

NUEVA ZELANDA

TASMANIA

El ornitorrinco

Se lo encuentra en el este de Australia y en Tasmania.

El ornitorrinco es uno de los animales más extraños del mundo. Tiene patas palmeadas y un pico como el pato e, incluso pone huevos. Pero también pasa mucho tiempo bajo el agua y tiene la piel y una cola chata como la del castor. Vive en madrigueras en las riberas de los ríos.

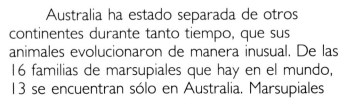

Un gigante rojo

DESDE la extensa y chata planicie del Parque Nacional de Uluru, una montaña solitaria se eleva sobre el horizonte: es Ayers Rock, un bloque sólido de piedra arenisca, con una altura de 348 m y una longitud de unos 3 km.

Hace más o menos 500 millones de años la inmensa roca formaba parte del fondo de un océano que se extendía en el centro de Australia. La roca sobrevivió a los movimientos de la corteza terrestre y los millones de años de erosión. Como un iceberg, lo que se puede ver es sólo una parte porque el resto queda fuera de la vista. Se estima que la roca alcanza una profundidad de 6 km bajo el nivel del suelo.

El mineral de hierro da a Ayers Rock su color característico, rojo, cambiante al amanecer y en el crepúsculo. Los factores climáticos tallaron cuevas, grietas y surcos en la superficie de la piedra arenisca. Muchas de estas

Australia ha estado separada de otros continentes durante tanto tiempo, que sus animales evolucionaron de manera inusual. De las 16 familias de marsupiales que hay en el mundo, 13 se encuentran sólo en Australia. Marsupiales tales como el canguro y el koala, resguardan a sus pequeños en el interior de una bolsa protectora. Sus crías nacen antes de estar totalmente desarrolladas y sobreviven en esa bolsa, en lugar de permanecer en el útero hasta estar completamente formadas.

Generalmente un desierto se piensa como una extensión árida de polvo, arena o roca, pero después de una lluvia los desiertos de Australia se cubren con una alfombra de flores, que aparecen en gran cantidad y todas juntas, aprovechando al máximo la escasa provisión de agua.

Los perros salvajes, o dingos, quizá fueron llevados a Australia hace alrededor de 8000 años como perros domésticos. El emú, pájaro no volador muy similar al avestruz, está en Australia desde hace unos 80 millones de años. Como los avestruces de África, el emú escapa del peligro corriendo a velocidades de hasta 50 km por hora.

Cadena Bungle Bungle

La cadena Bungle Bungle son montañas de piedra arenisca, redondeadas por la erosión, que tienen 370 millones de años. El laberinto de cimas montañosas se encuentra en una remota región del oeste de Australia.

Parque Marino

AUSTRALIA tiene más de 30 millones de hectáreas de parques nacionales y áreas de protección. La reserva más grande es el Parque Marino, que contiene el sistema más extenso de arrecifes de coral del mundo: la Gran Barrera de Arrecifes, donde hay 1500 especies de peces, 400 especies de corales y 4000 especies de conchillas.

intrincadas formas han recibido nombres: una depresión de grietas y surcos es conocida como el Cerebro; una faja de roca que permanece erguida sobre la roca desmoronada se llama la Cola del Canguro.

Ayers Rock es sagrada para los aborígenes. Las tribus locales la llaman Uluru, que significa "gran guijarro" y se prohíbe a los turistas penetrar en muchas de sus cuevas.

Amenaza a la selva

Cuando se propuso la construcción de una nueva represa en Tasmania, se levantaron protestas en todo el mundo. Los lagos artificiales cubrirían una de las tres selvas templadas que quedan en el mundo. El plan fue dejado de lado después de fuertes protestas hechas por los proteccionistas.

¿SABÍAS QUE...?

Un hormiguero de termitas puede llegar a ser 3 ó 4 veces más alto que un ser humano, con un contenido de hasta 10 toneladas de lodo. Varios millones de estos diminutos insectos viven en su interior.

Los acantilados de la Gran Ensenada Australiana son una línea continua de acantilados, la más larga del mundo. Se extiende alrededor de 200 km.

En el Parque Nacional de Nambung, miles de pilares de piedra caliza se elevan en la planicie árida como ruinas. Se formaron alrededor de las raíces de árboles y plantas.

El boab

El boab es un árbol de Australia, de la familia del baobab de África y Madagascar. Es posible que el fruto del baobab haya llegado a través del mar hasta Australia y haber echado raíz en la costa noroeste, donde actualmente se lo halla.

El tronco del boab llega a tener más de 9 m de grosor y es uno de los árboles más grandes que se conocen.

ÁFRICA

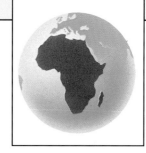

EL continente africano es el tercero en tamaño después de Asia y las Américas. Tiene una amplia zona ecuatorial, con un interior de selva tropical. La vida prospera en las selvas por el alto grado de humedad y las altas temperaturas. Hacia el norte o el sur de la zona ecuatorial, el clima es más seco y aparecen las sabanas, de extensos y secos pastizales. Más hacia el norte las condiciones son lo suficientemente secas como para que exista el desierto del Sahara, el más grande del mundo. En el sur, el modelo es similar: desde la selva a la sabana, terminando con los desiertos de Namibia y Kalahari.

El continente africano tiene grandes ríos. La cuenca del río Congo contiene un gran número de ríos y cubre una superficie de 4 millones de kilómetros cuadrados. Es la segunda en tamaño después de la cuenca del río Amazonas. El río Nilo es el más largo del mundo. Tiene una longitud total de 6695 km. En la frontera entre Sudán y Egipto, se ha construido la represa de Asuán, una enorme estructura diseñada para controlar el flujo de este gran río y para proveer energía hidroeléctrica.

1. El Sahara no fue siempre un desierto. Desde el 5000 al 2000 a.C., pastaba el ganado, tal como lo muestran las pinturas de las cuevas de las tierras altas de Tassili.

Sólo una pequeña parte del Sahara es desierto de arena; la mayor parte son planicies rocosas o de grava, o cadenas montañosas escarpadas como se aprecia en esta vista de la meseta de Tassili.

2. Las riberas del Nilo se inundan cada verano y se cultivan intensamente. Como en el pasado, cuando Egipto era una de las primeras grandes civilizaciones, millones de personas dependen de las aguas de este río.
3. En las pasturas secas, lejos de las aguas del Níger, muchos pueblos de Sahel luchan para mantener su tradicional modo de vida.
4. El valle del Rift (falla), al este de África, una larga división entre dos placas de la corteza terrestre, se extiende desde la desembocadura del Zambeze hasta el mar Rojo.
5. El Kilimanjaro ("Gran Montaña") es el pico más alto de África.
6. El cráter Ngorongoro es lo único que queda de un enorme volcán que se extinguió. Hoy es una reserva de vida silvestre.
7. Entre junio y julio, el delta del río Okavango se inunda; es una zona de drenaje interior en pleno desierto, al norte de Botswana. Como consecuencia, hay abundante vida animal y vegetal.

CONGO (ZAIRE)

MESETA BIÉ

DESIERTO DE NAMIBIA

KALAHARI

R. Orange

R. Kimberley

MONTE MESA

MONTES DRAKENSBERG

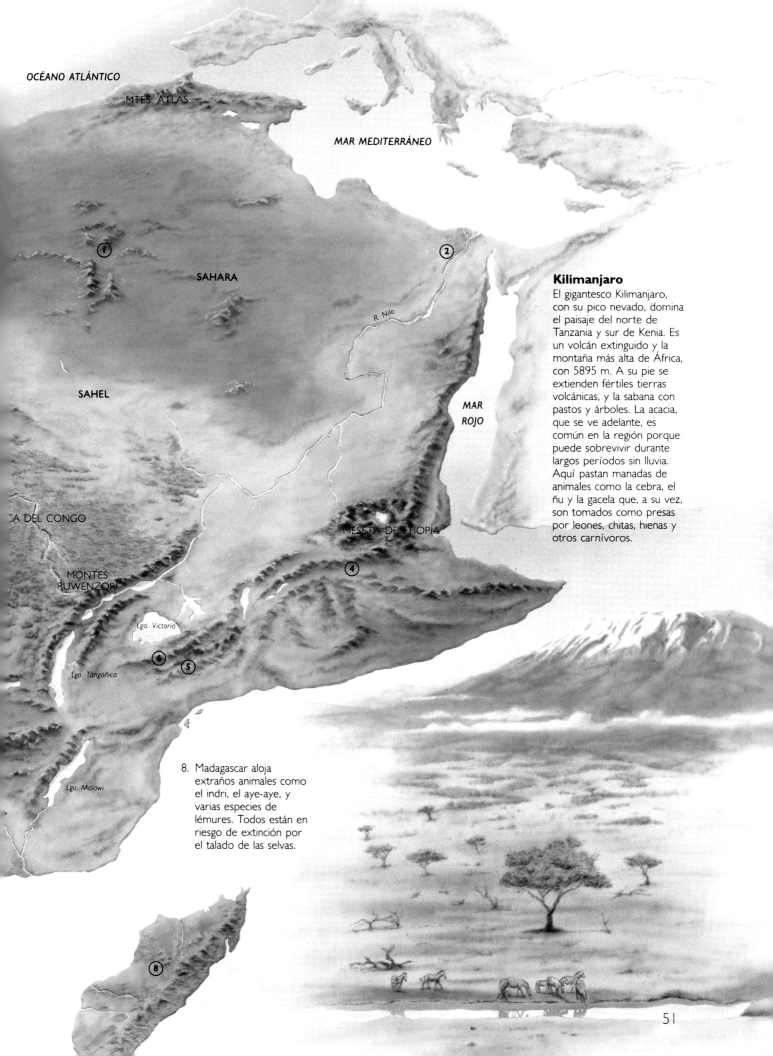

OCÉANO ATLÁNTICO

MTES. ATLAS

MAR MEDITERRÁNEO

SAHARA

① ②

R. Nilo

SAHEL

MAR
ROJO

CA DEL CONGO

MESETA DE ETIOPÍA

④

MONTES
RUWENZORI

Lgo. Victoria

⑥ ⑤

Lgo. Tangañica

Lgo. Malawi

Kilimanjaro

El gigantesco Kilimanjaro,
con su pico nevado, domina
el paisaje del norte de
Tanzania y sur de Kenia. Es
un volcán extinguido y la
montaña más alta de África,
con 5895 m. A su pie se
extienden fértiles tierras
volcánicas, y la sabana con
pastos y árboles. La acacia,
que se ve adelante, es
común en la región porque
puede sobrevivir durante
largos períodos sin lluvia.
Aquí pastan manadas de
animales como la cebra, el
ñu y la gacela que, a su vez,
son tomados como presas
por leones, chitas, hienas y
otros carnívoros.

8. Madagascar aloja
   extraños animales como
   el indri, el aye-aye, y
   varias especies de
   lémures. Todos están en
   riesgo de extinción por
   el talado de las selvas.

⑧

51

En el pasado, África estaba unida a Arabia, y el mar Rojo no existía. Los movimientos de placas de los últimos 30 millones de años crearon el mar Rojo al separarse África y Arabia. La división de la tierra abrió el angosto valle del Rift (falla) que se extiende hacia el sur desde el norte de Arabia, a través del este de África. La continuidad de este movimiento ampliará el valle del Rift en el futuro, separando la parte este de África del resto del continente, como la isla de Madagascar.

Terrenos desérticos

EN el centro del Sahara, donde se registra menos de un centímetro de agua caída por año, se encuentra el macizo Hoggar. Está formado por columnas de basalto que son el origen de la arena que se encuentra en otras partes del desierto. El basalto se desmenuza en finas partículas que son llevadas por el viento para formar ondulantes dunas, que se mueven juntas a través del desierto. Las dunas más comunes son las que tienen su superficie surcada de líneas rectas, pero también las hay con forma de media luna. Rocas de aspecto extraño se originan por la erosión de su parte inferior a causa de los vientos arenosos y calientes.

La falla del este de África

El valle del Rift en el este de África, es una enorme grieta del suelo. El terreno que lo rodea está formado por profundos valles, altas y escarpadas montañas y cientos de lagos. Aquí también se encuentran cráteres como el de Ngorongoro, un refugio para la vida silvestre que se formó hace más de 3 millones de años con una gran explosión volcánica.

A lo largo del valle del Rift, las placas de África y Somalia se están separando, abriendo una gran grieta en la superficie que permite el surgimiento de lava derretida. Este movimiento, lento y dramático está acompañado por la falla y plegamiento de la roca que rodea la región para formar altas cadenas de montañas.

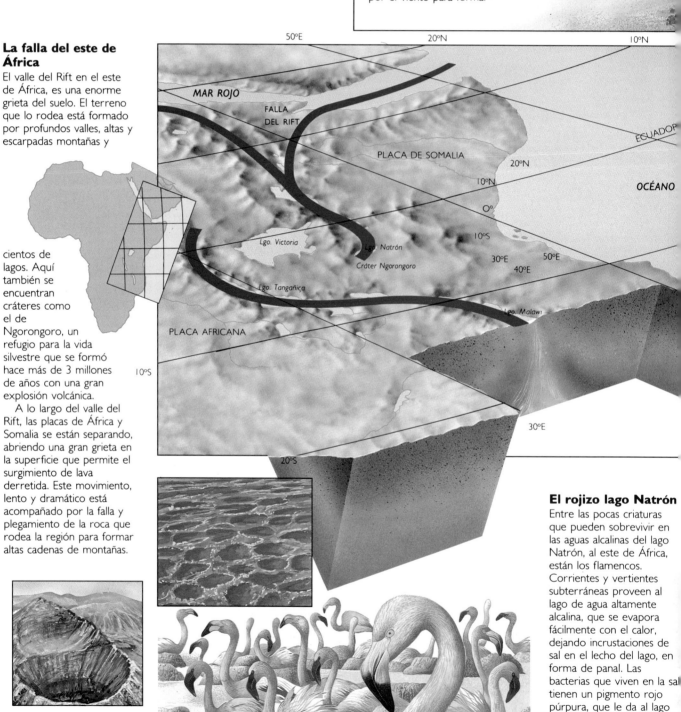

50°E 20°N 10°N
MAR ROJO
FALLA DEL RIFT
ECUADOR
PLACA DE SOMALIA
20°N
OCÉANO
10°N
0°
Lgo. Victoria
Lgo. Natrón
10°S
Cráter Ngorongoro
30°E
50°E
40°E
Lgo. Tanganica
PLACA AFRICANA
Lgo. Malawi
10°S
30°E
20°S

El rojizo lago Natrón

Entre las pocas criaturas que pueden sobrevivir en las aguas alcalinas del lago Natrón, al este de África, están los flamencos. Corrientes y vertientes subterráneas proveen al lago de agua altamente alcalina, que se evapora fácilmente con el calor, dejando incrustaciones de sal en el lecho del lago, en forma de panal. Las bacterias que viven en la sal tienen un pigmento rojo púrpura, que le da al lago su color característico.

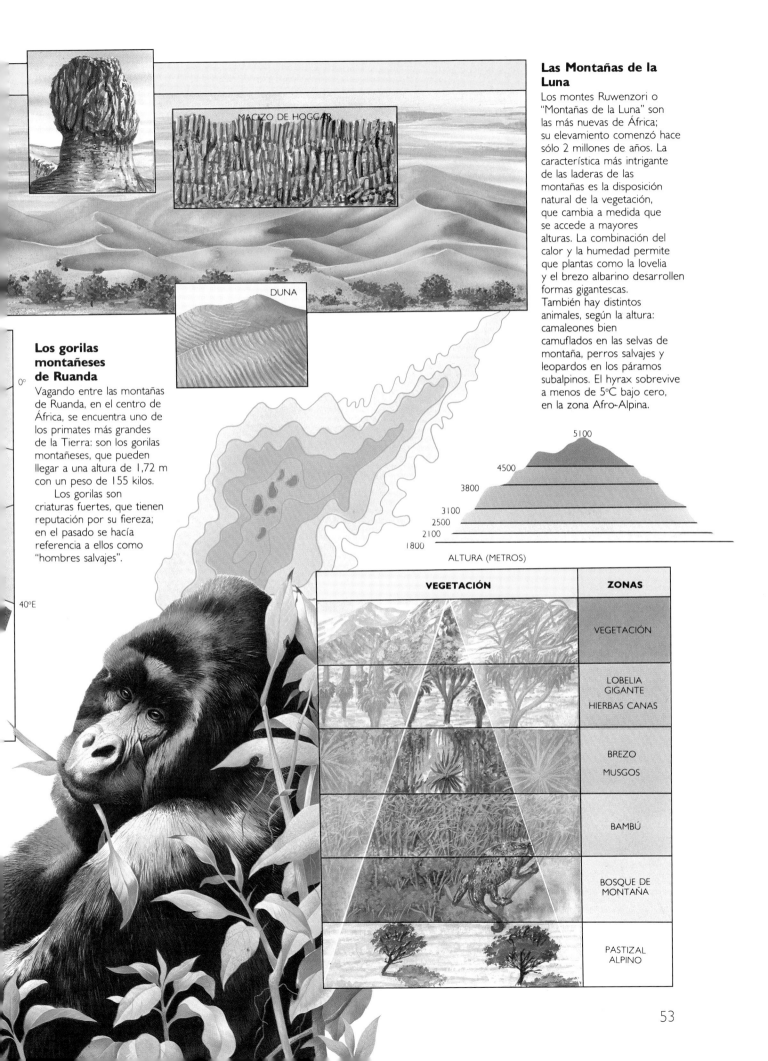

MACIZO DE HOGGAR

DUNA

Las Montañas de la Luna

Los montes Ruwenzori o "Montañas de la Luna" son las más nuevas de África; su elevamiento comenzó hace sólo 2 millones de años. La característica más intrigante de las laderas de las montañas es la disposición natural de la vegetación, que cambia a medida que se accede a mayores alturas. La combinación del calor y la humedad permite que plantas como la lovelia y el brezo albarino desarrollen formas gigantescas. También hay distintos animales, según la altura: camaleones bien camuflados en las selvas de montaña, perros salvajes y leopardos en los páramos subalpinos. El hyrax sobrevive a menos de 5°C bajo cero, en la zona Afro-Alpina.

Los gorilas montañeses de Ruanda

Vagando entre las montañas de Ruanda, en el centro de África, se encuentra uno de los primates más grandes de la Tierra: son los gorilas montañeses, que pueden llegar a una altura de 1,72 m con un peso de 155 kilos.

Los gorilas son criaturas fuertes, que tienen reputación por su fiereza; en el pasado se hacía referencia a ellos como "hombres salvajes".

0°

40°E

5100
4500
3800
3100
2500
2100
1800

ALTURA (METROS)

VEGETACIÓN	ZONAS
	VEGETACIÓN
	LOBELIA GIGANTE HIERBAS CANAS
	BREZO MUSGOS
	BAMBÚ
	BOSQUE DE MONTAÑA
	PASTIZAL ALPINO

El delta de Okavango

El río Okavango corre al sudeste a través de Namibia, desde las zonas altas de Angola, internándose en Botswana. Las crecientes estacionales provocan que el sedimento se extienda como un abanico aluvial formando el delta de Okavango, el más extenso del mundo. En marzo y abril las aguas de la creciente duplican la superficie de los pantanos y en junio y julio, miles de animales y pájaros se dirigen hacia el delta en busca de agua y alimentos: se ven forzados a salir del desierto de Kalahari por el clima árido. La mayor concentración de elefantes se encuentra a la orilla del agua, con manadas de hasta 60.000 elefantes. Otros animales que buscan refugio aquí son los leopardos, búfalos y antílopes, como así también la jirafa, el cocodrilo y el hipopótamo. Los juncos que rodean los pantanos están rebozantes de vida con criaturas más pequeñas, como insectos, ranas y peces.

AYE -AYE

ZONA DE PANTANOS
DESPUÉS DE LA CRECIDA

R. Okavango

La mitad sur del continente africano presenta zonas desérticas, pastizales y selvas. En el desierto de Kalahari hay animales y plantas que se adaptan para sobrevivir en condiciones de aridez. Muchos animales buscan refugio bajo tierra, evitando el sol de mediodía. La ardilla terrestre sobrevive cubriéndose completamente con su peluda cola.

Madagascar

MADAGASCAR es la cuarta isla en el mundo por su tamaño. Se separó del continente africano hace unos 100 millones de años y se encuentra al sudeste de la costa de África. Los animales, allí aislados, evolucionaron separadamente, llegando a ser únicos. De todos los animales de Madagascar, el 95 por ciento no se encuentra en ningún otro lugar del mundo. Lémures como el de cola anillada se hallan sólo en Madagascar, de la misma manera que el raro aye-aye, pariente del lémur, y la tortuga radiada, una de las muchas especies de la isla. Los hábitats naturales de los distintos animales están en peligro, por ejemplo, toda la faja de selva que se extiende a lo largo de la costa este.

TORTUGA RADIADA

Las cataratas Victoria

Las cataratas Victoria son una de las vistas más espectaculares del continente africano. Al caer en una profunda garganta producen un rocío que alcanza más de 900 m de altura. Se forman en el río Zambeze, y esa cortina de agua es la más grande del mundo, con más de 2 km, de orilla a orilla, y más de 120 m de altura. La garganta en la que cae zigzaguea hacia atrás y adelante, siguiendo las fracturas y grietas de la roca basáltica. Desde la mitad del período Pleistoceno las cataratas retrocedieron 8 km, al producirse el desgaste de la roca.

Monte Mesa

En frente de Ciudad del Cabo, en Sudáfrica, se encuentra una sierra gigantesca, de costados abruptos y de cima plana. El monte Mesa, con una dura capa de piedra arenisca en la parte superior que impide la erosión como sucede en las tierras bajas circundantes. Las nubes que descienden sobre el borde de esta montaña aparecen como un gran mantel blanco que cubre la roca.

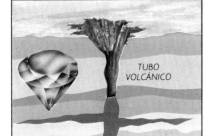

TUBO VOLCÁNICO

Diamantes

En 1905 se descubrió en Sudáfrica el diamante más grande del mundo. Tenía el tamaño del puño de una persona. Los diamantes se encuentran en estructuras volcánicas, como tubos, conocidas con el nombre de kimerlitas, ya que se encontraron por primera vez en Kimberley, Sudáfrica.

Toda la zona silvestre de África tuvo miles de animales pero, debido al crecimiento de las ciudades, la expansión de la agricultura y la caza, el número de ellos se ha reducido enormemente. En la región de pastizales, el Parque Nacional de Serengeti protege una gran variedad de vida silvestre en un área de alrededor de 13.000 kilómetros cuadrados. Hay cebras, leones, jabalíes, hienas y ñúes. También se ven jirafas, alimentándose de las hojas de las acacias que crecen en las planicies.

¿SABÍAS QUE...?

En el sudoeste de África hay unos árboles que parecen al revés, con sus "raíces" abriéndose paso fuera del suelo.

Hay un pez de respiración pulmonar que sobrevive durante la sequía haciendo surcos en el lodo.

La walwisquia es una planta que crece en las regiones áridas de Namibia, sacando la humedad de la niebla. Algunas tienen 2000 años.

ANTÁRTIDA

EL continente antártico es el más frío e inhóspito lugar de la Tierra. Por la noche la temperatura puede bajar hasta 52°C, bajo cero; vientos regulares de 320 km por hora barren su superficie. En casi toda su extensión está cubierto por una inmensa capa de hielo de 4000 m de espesor. En promedio, la Antártida es 1,5°C más fría que el Ártico. Esto se debe a que el Ártico recibe calor de las zonas más templadas del sur, llevado por las corrientes oceánicas.

La Antártida no fue siempre tan fría como es hoy. Un clima templado y una vegetación densa fueron típicos de ella hace 150 millones de años, ya que en ese tiempo estaba mucho más cerca del ecuador. Desde entonces, la placa que sostiene la masa terrestre de la Antártida se fue moviendo hacia el sur hasta ocupar su posición actual sobre el Polo Sur con su clima ventoso y frío. Las únicas plantas que crecen ahora son musgos, hongos y líquenes y sólo tres especies de plantas con flores.

diciembre de 1911. El explorador británico Robert Falcon Scott llegó finalmente en enero de 1912, sólo para descubrir que Amundsen ya había estado allí.
5. La más baja temperatura de la Tierra fue registrada en Vostok: 89°C, bajo cero.

Se conocen como icebergs esas enormes balsas de hielo que flota en aguas del Ártico y del Antártico. Se desprenden de los glaciares terrestres cuando llegan al mar, o se separan de un banco de hielo. Un banco es una gran plancha de hielo que flota en el mar, o bien una prolongación sobre el mar de una capa de hielo apoyada en tierra.

1. Debajo del hielo hay sólo una extensión de 965 km de tierra que conectan el mar de Ross y el mar de Weddell.
2. El monte Erebus sobre el borde de la barrera de hielo de Ross es el único volcán activo de la Antártida.
3. El mar de Ross es el que se extiende más al sur que cualquier otro océano en el mundo. Su límite sur está a sólo 450 km del Polo Sur. Sin embargo, cerca de éste, el mar se encuentra bajo la barrera de hielo de Ross.
4. En el Polo Sur hay seis meses de luz diurna y seis meses de oscuridad, debido a que la Tierra gira alrededor del Sol cada año. La carrera por llegar primero al Polo Sur fue ganada por Roald Amundsen, en

ATLÁNTICO SUR

MAR DE WEDDELL

BANCO DE HIELO DE RONNE

MACIZO DE VINSON

①

+ POLO
④

MAR DE AMUNDSEN

BANCO DE HIELO DE ROSS

PACÍFICO SUR

MAR DE ROSS
②
③

VALLES SECOS

MONTES TRANSANTÁRTICOS

Icebergs

Los icebergs son de diferentes tamaños. Las masas de hielo delgadas y planas se denominan témpanos de hielo, mientras que los icebergs más pequeños, de menos de 10 m de diámetro, son llamados bancos de hielo. Los icebergs más grandes pueden crear su propio clima interfiriendo la circulación del aire. Son también peligrosos para los buques. Los icebergs de la Antártida son diferentes de los del Ártico. En las aguas del Ártico norte, las masas de hielo flotante son dentadas y angulosas en sus formas, mientras que las del sur son más parejas.

El hielo que vemos flotando en el agua es sólo un 10 por ciento del iceberg. El 90 por ciento restante está debajo del agua y es empujado por las corrientes.

OCÉANO ANTÁRTICO

OCÉANO ÍNDICO

MONTES
PRINCE CHARLES

BANCO DE HIELO
DE AMERY

BANCO DE HIELO
DE SHACKLETON

La ballena gris

EN las aguas del océano Antártico hay gran abundancia de zooplancton, como el krill, del cual se alimenta la ballena gris. Este animal tiene un sistema inteligente para alimentarse: produce una red de burbujas alrededor del krill y luego la atraviesa por el centro tragando decenas de miles de los diminutos crustáceos en un gran bocado.

El valle Wright

En los lugares donde las capas de hielo no cubren el terreno, hay abruptas montañas separadas por largos valles secos. Son tres los más importantes: Wright, Victoria y Taylor. Cada uno se extiende por más de 40 km y tiene hasta 5 km de ancho. El aire es tan frío que ni siquiera se forma nieve y hay muy poca vida. El valle sólo es erosionado por el viento, que lleva fragmentos de roca que chocan contra las del valle, produciendo formas extrañas.

Desechos en la Antártida

Como en cualquier otro hábitat natural, es importante proteger la vida silvestre y el medio ambiente de las regiones cubiertas por hielos. Muchos productos de desecho son abandonados en los hielos o en el mar, donde contaminan o destruyen la vida marina.

Aunque el océano Antártico es frío, la plataforma marina provee un hábitat estable para diversos grupos de animales y plantas. En cambio, la tierra es muy inestable para la vida silvestre antártica. Las islas aparecen y desaparecen por los movimientos de la corteza terrestre y el hielo avanza y retrocede cada año.

Hay pocas especies de pájaros, aunque se ven enormes colonias de albatros y pingüinos en las costas.

Los pingüinos son pájaros no voladores. El más grande es el pingüino emperador, que vive más de 20 años. Aunque se mueven lentamente y son torpes en tierra, son ágiles nadadores y pueden cubrir grandes distancias en busca de peces para alimentarse. Tienden a vivir en grandes colonias de hasta un millón.

El agujero de ozono

EN la atmósfera, sobre el continente antártico, un agujero en la capa de ozono parecería agrandarse cada vez más. Esto constituye una gran preocupación porque la capa de ozono protege de los rayos ultravioletas del Sol que son nocivos. El ozono está siendo destruido lentamente por los clorofluorocarbonos (CFCs), que provienen de aerosoles y líquidos refrigerantes.

AGUJERO DE OZONO

¿SABÍAS QUE..?

Los glaciares, los témpanos y los icebergs tienen con frecuencia franjas coloreadas, debido a las diferentes capas de hielo que se acumularon cada año.

Las focas de Weddell se quedan bajo del agua más de una hora y emergen para respirar por unos agujeros hechos en el hielo.

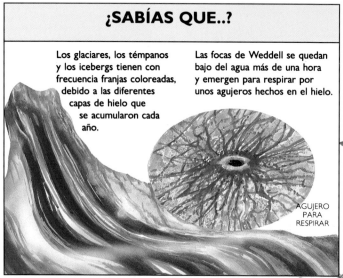

AGUJERO PARA RESPIRAR

Debajo del hielo

Si se retirara la capa de hielo que cubre la Antártida, quedarían al descubierto altas cadenas montañosas. En algunos lugares ya se insinúan sobre la superficie del hielo, como el macizo de Vinson, que se eleva a 5140 m. En otras partes la superficie del terreno quedaría por debajo del nivel del mar, a causa de la presión sufrida por el gran peso del hielo que lo cubre.

UN CLIMA CAMBIANTE

Corrientes oceánicas

La costa del noroeste de Europa está libre de hielos en invierno, pero en el este de Canadá y de Estados Unidos, a la misma latitud, la costa se cubre de una gruesa capa, cada año. La corriente oceánica del Golfo lleva agua templada desde el Caribe afectando el clima del noroeste europeo. Si se la cambiara de dirección, el clima variaría mucho.

L clima de la Tierra ha sufrido muchos cambios. En el pasado hubo edades de hielo y en el presente se evidencia un recalentamiento del globo. Una explicación es que la Tierra ha cambiado su posición con relación al Sol. Otra teoría es que, al haberse movilizado las masas terrestres continentales, la circulación de las corrientes oceánicas se vio interrumpida, afectando el clima. Está también la idea de cambios en la radiación solar. Sin embargo, las hipótesis más recientes dan importancia a los gases de invernadero, tales como el dióxido de carbono y el metano, los que se producen naturalmente, pero las actividades humanas están provocando su aumento (ver abajo).

La muerte de los dinosaurios

Un cambio climático puede haber provocado la extinción de los dinosaurios. Se cree en el choque de un asteroide contra la Tierra. El polvo y las partículas que cayeron podrían haber bloqueado la radiación solar, causando un enfriamiento y un hábitat donde los dinosaurios no podían vivir.

CANADÁ

EUROPA

CORRIENTE DEL GOLFO

La combustión de carbón, petróleo y madera aumenta los gases de invernadero. El talado de bosques también contribuye al efecto invernadero.

Efecto invernadero

Los gases de invernadero permiten la radiación de onda corta que proviene del Sol. La Tierra la absorbe, la calienta y la vuelve a irradiar como onda larga. Los gases de invernadero atrapan este calor y lo reenvían a la Tierra, calentando la atmósfera.

GLOSARIO

Aridez: Falta de humedad, que generalmente ocurre cuando la evaporación es mayor que las precipitaciones.

Atmósfera: Envoltura de gases que rodea la Tierra.

Bioma: Comunidad de animales y plantas que viven en un medio ambiente particular, que cubre un área extensa.

Caduco: Árbol que pierde sus hojas en el invierno, como el roble, el castaño, el haya.

Calcita: Depósito mineral de carbonato de calcio, que se encuentra en rocas sedimentarias y metamórficas, piedra caliza y toba.

Conífera: Árbol con frutos cónicos, como el pino, el tejo y el abeto.

Corrientes de convección: Corrientes producidas por las diferencias de calor. Ocurren en la atmósfera cuando el aire cercano al suelo es más caliente que arriba y también en el manto de la Tierra.

Corrientes oceánicas: Grandes cuerpos de agua en movimiento, cuyo flujo se debe a diferencias de temperatura en el agua.

Delta: Acumulación del sedimento llevado y depositado por los ríos. Los deltas generalmente se forman en la costa, pero también pueden darse en el interior.

Deposición: Proceso en el cual el sedimento que ya no puede ser acarreado por el hielo, el agua o el viento es dejado sobre la tierra o plataforma marina.

Desierto: Zona que recibe menos de 25 cm de lluvia por año. Pueden encontrarse tanto en regiones cálidas como frías.

Ecología: Estudio científico de las relaciones entre plantas, animales y su medio ambiente.

Ecosistema: Complejo sistema de interacción entre plantas, animales y el medio en el cual viven.

Ecuador: Círculo imaginario alrededor de la Tierra, que la divide en dos hemisferios: Norte y Sur.

Edad de hielo: Período de enfriamiento global, cuando las capas de hielo y glaciares se expanden.

Epífita: Planta que crece sobre otra planta, usándola como soporte pero no para nutrirse. Son comunes en las selvas.

Erosión: El desgaste y dispersión de la roca provocados por el agua, el viento y el hielo.

Evaporación: Proceso por el cual el agua que se calienta cambia del estado líquido al gaseoso.

Extinción: Proceso por el cual ciertas especies de plantas y animales dejan de existir sobre la tierra.

Fitoplancton: Organismos en el océano que pueden originar alimentos por fotosíntesis.

Fósil: Resto o rastro de un antiguo ser viviente preservado en la roca.

Glaciar: Masa de hielo móvil, formada por la acumulación de nieve, que generalmente ocupa un valle.

Humedad: Cantidad de vapor de agua contenida en la atmósfera.

Ígnea: Tipo de roca formada cuando el magma fundido se solidifica.

Lava: Magma fundido proveniente del interior de la Tierra, que ha escapado a la superficie por la actividad volcánica.

Magma: Roca fundida en el interior profundo de la Tierra; generalmente es semifluida.

Mangle: Tipo de árbol que crece en regiones costeras que se inundan con la marea alta.

Molécula: Combinación de átomos que forman sustancias químicas distintas.

Monzón: Estaciones en que vientos portadores de lluvia soplan sobre la tierra desde el mar, produciendo tormentas excepcionalmente fuertes.

Península: Trozo de tierra que sobresale hacia el mar y está casi completamente rodeado de agua.

Período carbonífero: De 345 a 280 millones de años, época en la cual se depositaron rocas carboníferas.

Período pleistoceno: Período de tiempo geológico comparativamente reciente, que comenzó hace dos millones de años y durante el cual se dieron los mayores avances de hielo.

Piedra caliza: Roca sedimentaria compuesta principalmente de carbonato de calcio, que suele presentar grietas y planos estratificados. La piedra caliza es también una roca permeable.

Placa: Trozo en la corteza de la Tierra que se mueve alrededor del manto.

Polar: Relativo a las regiones que rodean los polos Norte y Sur.

Precipitación: Transferencia de agua desde la atmósfera a la Tierra en forma de nieve, granizo, rocío, escarcha o lluvia.

Red alimentaria: Serie de organismos con hábitos alimenticios relacionados. Algunos de estos organismos constituyen la fuente alimentaria para otros en la red.

Roca metamórfica: Roca modificada por calor y presión intensos.

Roca sedimentaria: Roca que se formó sobre la cuenca marítima al asentarse materiales en su fondo.

Sabana: Planicie tropical o subtropical con pastos y árboles.

Selva tropical: Bosques densos de árboles altos que crecen en zonas de mucha lluvia.

Sombra de lluvia: Zona protegida de los vientos que prevalecen, que tienen poca caída de lluvia.

Tectónico: Proceso en la corteza de la Tierra que provoca la formación de montañas y la deformación y depresión de la corteza.

Templado: Región del mundo donde hay temperaturas relativamente moderadas y lluvia adecuada durante todo el año.

Terremoto: Vibración o temblor de la corteza de la Tierra que puede ser percibido sin la ayuda de instrumentos.

Transpiración: Proceso por el cual las plantas desprenden vapor de agua hacia la atmósfera a través de pequeños poros o estomas, de sus hojas.

Trópico: Zona de la Tierra ubicada entre los 23,5° de latitud norte y 23,5° de latitud sur.

Trópico de Cáncer: Línea imaginaria de latitud que rodea a la Tierra a 23,5° al norte.

Trópico de Capricornio: Línea imaginaria de latitud que rodea a la Tierra a 23,5° al sur.

Tundra: Región que se encuentra a altas latitudes o altitudes. Bajo la superficie el suelo permanece completamente helado.

Volcán: Montaña formada por cenizas o lava con un cráter central, a través del cual escapa roca fundida hacia la corteza terrestre.

Zooplancton: Forma de vida animal muy pequeña, que se encuentra en el mar. A diferencia del fitoplancton, el zooplancton no puede producir alimentos por fotosíntesis.

ÍNDICE

A

acacia 51
Aconcagua, montaña 25
adaptación
    animal 12, 18, 26, 40-41, 54
    de las plantas 12, 19
África 50-5
aire, movimiento del 8
Alpes 30
    glaciares alpinos 32
    formación de 32
Amarillo, río 42, 44-45
Amazonas, río 25, 26
Amazónica, selva 24
ámbar 34
América Central 23
América del Norte 16-23
América del Sur 24-29
Andes 24, 26-7
animales
    de Antártida 58
    de Australia 48-49
    de las Islas Galápagos 26
    de Madagascar 51, 55
    gorilas montañeses 53
    del delta del Okavango 54
    del Parque Nacional
    Serengeti 55
de las selvas tropicales 28-9
ver también adaptación;
especies en riesgo; migración
Antártida 56-58
Aral, mar 38
árboles
    acacia 51
    boab 49
    caducos 44, 60
    coníferas 35, 44, 60
    en bosques tropicales 28-9
    fosilizados 10
    más viejos 16
    proceso de transpiración
    13, 61

secuoyas gigantes 20
ardillas (voladoras) 29
Ártico, regiones del 18-19, 57
Asia 36-45
Asuán, represa de 50
Atlántico, océano 14-15
Atlas, montes 32
atmósfera 60
    capas de la 9
    gases en la 13
atolones, formación 14
aurora 18
auroras australes 18
auroras boreales 18
Australasia 46-9
Australia 46, 48, 49
avalanchas 32
aves 26, 29, 32, 52, 58
Ayers Rock 48-9

B

Bahrain 36
Baikal, lago 36
ballenas 41
    de joroba 57
    emigración de la ballena 23
    gris 23
Bangladesh 42
basalto 11
bicho espina 29
boab, árbol 49
bosque de piedras 45
bosques 61
    carboníferos 11
    de forestación europea 35
    selvas sudamericanas 24, 27,
    28-29
Bora Bora 47
Borneo 36
Brahmaputra, río 42
Bungle Bungle, cadena 48

C

Cabo de Hornos 24

cacto 23
Cadena Medio Atlántica 7,
14-15, 34
cadenas, redes alimentarias
12-13
    en océanos 14
    en selvas tropicales 29
Camargue 32
camuflaje 29
Canadá, la edad de hielo 19
Canal de Panamá 24
carbón 11, 17
carboníferos
    bosques 11
    pantanos 17
    período 60
caribú 18-19
carnívoros 12, 13
Caspio, mar 36
cataratas
    del Ángel 27
    del Niágara 20
    Victoria 55
ciclo del agua 8-9
ciclones 22
ciempiés 12
clima 8-9
    clima cambiante 59
    corrientes oceánicas 15, 59
    efecto invernadero 59
    granizo más pesado 36
    país más lluvioso 25
Colombia 25
comercio de marfil 40
cóndores 24
contaminación 33, 38-9, 41, 58
coral, arrecifes de 14, 23, 47
corona de espinas 23
corriente del Golfo 59
corriente oceánica peruana 26
corteza de la Tierra 6, 7
Creta 32
Cuenca del río Congo 50
cuevas 30, 34-35, 49

CH

China 44

D

Darwin, Charles 26
delta 21, 32, 42, 50, 54, 60
desiertos, regiones 60
    de Asia 38
    de Atacama 25
    de Australia 46
    de Gobi 45
    de Kalahari 54
    de la Patagonia 27
    de Norteamérica 16
    del Sahara 50, 52
    murciélagos en 23
diamantes 55
dinosaurios, extinción de 59

E

ecología 60
ecosistemas 60
Ecuador 9, 45, 56, 60
edad de hielo 14, 60
    efecto en Europa 34
    efecto en Norteamérica
    18-19
efecto invernadero 59
elefantes africanos 40, 54
El Chichón 22-23
El Niño 27
erosión 9, 10-11, 33, 60
escarabajos 12
especies en peligro 40-41
    en el Mediterráneo 33
    en Madagascar 51, 55
    pandas gigantes 45
Estados Unidos de América
    16-17, 19, 20-21, 22, 59
estalactitas / estalagmitas
34-35
Europa 30-35
evaporación 8-9, 60
Everest, monte 43
extinción 60
    ver también especies
    en peligro
Eyre (lago) 47

F

falla 11
Finlandia 30
fiordos 18, 31
fitoplancton 14, 61
focas 58
fósiles 10, 20, 34, 60
fotosíntesis 13
Fuji, monte 44

G

Galápagos Islas 26
Ganges, río 42
gargantas 30, 44
gases en la atmósfera de la
    Tierra 13
géiseres 47
Gibraltar 30
glaciares 10, 18, 32, 42, 60
gorilas de Ruanda 53
Gran anillo de fuego del
    Pacífico 43
Gran Barrera de Arrecifes 48-9
Gran Cañón 20-1
Gran Ensenada Australiana 49
Grandes Lagos 16
granito 11
Groenlandia 16, 18
Guerra del Golfo (1991) 38-39
Guilin, montañas de 44

H

habbobs 38
herbívoros 12, 13
Himalaya 36, 42-3
Hoggar, macizo de 52
Huang Ho, (R. Amarillo) 42,
44-45
humedad 8, 60
huracanes 22

I

icebergs 56, 57
Indonesia 30, 34
inundaciones
    en Bangladesh 42
    en China 44-45
Islandia 30, 34

J

Japón 36, 44

K

Kilimanjaro, monte 50, 51
Krakatoa 43
Kuwait 36

L

Laponia 35
lava 10, 33, 60
lechuza de los graneros 40
lechuzas, 13, 40
león montañés (puma) 41
Le Puy 33
lombrices de tierra 12, 13
lluvia 61
lluvia ácida 35
    país más lluvioso 25

M

Madagascar 51, 55
magma 61
mangle 61
mantis religiosa 29
manto de la Tierra 6, 7, 60
mareas 15
mares, vida en 15
mármol 11, 30
marsupiales 48
medianoche, Sol de 35
medio biológico 28, 60
Mediterráneo, mar 33, 41
microorganismos en el suelo
    12, 13
migración
    de ballenas grises 23
    de langostas 39
    de mariposas monarcas 2
    del salmón 34-5
minerales 11, 12, 13
Mississippi, delta 21
Mono, lago 21
monos 27, 30, 45
Montañas de la Luna 53
Monte Mesa 55
Monumento, valle 16
movimientos sísmicos 15

monzón 42, 61
Muerto, mar 36, 39
murciélagos 23

N

Nambung, Parque Nacional 49
Natrón (lago) 52
Nepal 36
Ngorongoro, cráter 50, 52
Níger, río 50
Nilo, río 50
nitrógeno, ciclo del 13
Noruega 31
nubes 8, 9
Nueva Zelanda 46, 47

O

Oceanía 46-9
océanos 14-15, 61
Okavango, río 50, 54
orígenes de la Tierra 6
ornitorrinco 48
oso polar 41
ozono, agujero de 58
ozono, capa de 9, 58

P

Pacífico, océano 14, 26, 27, 46
Países Bajos 30
pampas (de Sudamérica) 27
pandas 45
Pangea 7
Papúa Nueva Guinea 46
Patagonia, desierto de 27
Parques Nacionales (EE.UU.) 21
Pelée, monte 16
Peñón de Gibraltar 30
piedra arenisca 11
piedra caliza 11, 30, 34-5, 44,
49, 61
petróleo 36, 38-39
pingos 19
pingüinos 58
Pirineos 30
pizarras 11
plancton 12, 47
plantas 60
Polinesia, islas de 47

Polo Sur 56
Postojna, cuevas de 34
praderas (de Norteamérica) 16

R

recalentamiento del globo 59
Richter, escala de 20
rocas 60, 61
    ciclo de 10-11
    ígneas 11, 61
    metamórficas 11, 61
    sedimentarias 11, 20, 30, 61
    suelos 12, 13
Ruwenzori, montaña de 53

S

sabana 9, 50-51, 61
Sahara, desierto del 50, 52
San Andrés, falla de 20
San Francisco 20
Santorini, islas de 33
secuoyas 20
secuoyas gigantes 20
selvas 28-9
Serengeti, Parque Nacional 55
Surtsey 34

T

Tasmania 49
tectónicos (movimientos
    de placas) 7
    en América Central 23
    en Asia 36, 42-3
    en Europa 32
    en Norteamérica 20-1
    en Rift (falla) 50, 52
Terraplén del Gigante 33
terremotos 7, 20, 32, 43, 60
tifones 22
Titicaca (lago) 24, 25
tormentas 8
tormentas de arena 38, 39
tornados 23
trombas marinas 23
Tsunamis 15
tundra 9, 19, 30, 35, 44, 61

U

Uluru, Parque Nacional de 48

V

Valle de la Muerte 16
Valle del Rift 50, 52
vapor de agua 8
vertientes de Pamakkale 37
Vesubio, volcán 33
vida en la tierra 12-13
    vida marina 15
    ver también animales,
    plantas
vida silvestre, ver animales
vientos
    de la Antártida 56
    en el globo 8
    erosión eólica 10
Vinson, macizo de 58
volcanes, actividad volcánica 61
    Anillo de fuego del
    Pacífico 43
    El Chichón 22-23
    en Indonesia 36, 43
    en Islandia 34
    en Japón 36, 45
    en la Antártida 56
    en las islas de Polinesia 47
    en los Andes 24
    en Martinica 16
    Kilimanjaro, monte 50, 51
    Krakatoa 43
    Ngorongoro Cráter 50, 52
    Santorini, islas 33
    Surtsey 34
    Vesubio 33
    volcánicas, islas 14, 15

W

Walwisquia 55
Weddell, focas de 58

Y

Yangtse, río 36, 42
yeti 36

Z

Zambeze, río 55
zooplancton 61